V. Hoang Ngoc Minh

Calcul symbolique non commutatif

V. Hoang Ngoc Minh

Calcul symbolique non commutatif

Aspects combinatoires des fonctions spéciales et des nombres spéciaux

Presses Académiques Francophones

Impressum / Mentions légales

Bibliografische Information der Deutschen Nationalbibliothek: Die Deutsche Nationalbibliothek verzeichnet diese Publikation in der Deutschen Nationalbibliografie; detaillierte bibliografische Daten sind im Internet über http://dnb.d-nb.de abrufbar.
Alle in diesem Buch genannten Marken und Produktnamen unterliegen warenzeichen-, marken- oder patentrechtlichem Schutz bzw. sind Warenzeichen oder eingetragene Warenzeichen der jeweiligen Inhaber. Die Wiedergabe von Marken, Produktnamen, Gebrauchsnamen, Handelsnamen, Warenbezeichnungen u.s.w. in diesem Werk berechtigt auch ohne besondere Kennzeichnung nicht zu der Annahme, dass solche Namen im Sinne der Warenzeichen- und Markenschutzgesetzgebung als frei zu betrachten wären und daher von jedermann benutzt werden dürften.

Information bibliographique publiée par la Deutsche Nationalbibliothek: La Deutsche Nationalbibliothek inscrit cette publication à la Deutsche Nationalbibliografie; des données bibliographiques détaillées sont disponibles sur internet à l'adresse http://dnb.d-nb.de.
Toutes marques et noms de produits mentionnés dans ce livre demeurent sous la protection des marques, des marques déposées et des brevets, et sont des marques ou des marques déposées de leurs détenteurs respectifs. L'utilisation des marques, noms de produits, noms communs, noms commerciaux, descriptions de produits, etc, même sans qu'ils soient mentionnés de façon particulière dans ce livre ne signifie en aucune façon que ces noms peuvent être utilisés sans restriction à l'égard de la législation pour la protection des marques et des marques déposées et pourraient donc être utilisés par quiconque.

Coverbild / Photo de couverture: www.ingimage.com

Verlag / Editeur:
Presses Académiques Francophones
ist ein Imprint der / est une marque déposée de
OmniScriptum GmbH & Co. KG
Heinrich-Böcking-Str. 6-8, 66121 Saarbrücken, Deutschland / Allemagne
Email: info@presses-academiques.com

Herstellung: siehe letzte Seite /
Impression: voir la dernière page
ISBN: 978-3-8381-7129-6

Zugl. / Agréé par: Lille, HDR, 2000

2

<u>Résumé</u> : Il est bien établi que le calcul formel permet de vérifier, à l'aide d'ordinateurs, des conjectures, des démonstrations et des formules longues et pénibles. La nouveauté est qu'avec très peu de matériel (quelques opérations élémentaires sur des suites de symboles 0 et 1), on obtient aussi, de manière exacte, de nouvelles formules, identités remarquables (et conjectures insolites) concernant les nombres spéciaux (sommes d'Euler-Zagier, fonctions bêta), les fonctions spéciales (polylogarithmes, fonctions de Dirichlet, fonctions hypergéométriques), voire les équations différentielles à coefficients méromorphes.

Dans ce mémoire, nous illustrons cette dernière assertion en proposant quelques algorithmes (et les logiciels qui sont déjà opérationnels et disponibles en Axiom, Maple et C++). Plus précisément, avec un calcul symbolique non commutatif (la tranformation d'évaluation) et en basant sur la combinatoire des mots de Lyndon-Širšov et des séries formelles en variables non commutatives :

1. Nous étudions l'algèbre des polylogarithmes en montrant qu'elle est isomorphe à l'agèbre de mélange. Nous en tirons des conséquences algorithmiques concernant le calcul effectif de la monodromie, du comportement asymptotique, des relations algébriques et des équations fonctionnelles.

2. Nous étudions également les séries génératrices commutatives des polylogarithmes en examinant leur rapport avec les fonctions hypergéométriques. Nous en tirons des conséquences pour diverses sommations automatiques des polylogarithmes. Les séries génératrices non commutatives des polylogarithmes nous conduisent au calcul de l'associateur de Drinfel'd, mis sous forme factorisée.

3. Nous appliquons ces études aux équations différentielles à coefficients méromorphes, aux équations intégrales des arbres quadrants et à l'établissement d'une base de Gröbner de l'idéal des relations entre les sommes d'Euler-Zagier.

Table des matières

Chapitre 1

Introduction générale

> *Mais le calcul par deux, c'est-à-dire par 0 et par 1,*
> *en récompense de sa longueur, est plus fondamental pour la science,*
> *et donne de nouvelles découvertes, qui se trouvent utiles ensuite,*
> *même pour la pratique des nombres, et surtout pour la géométrie ;*
> *dont la raison est,*
> *que les nombres étant réduits aux plus simples principes, comme 0 et 1,*
> *il paraît partout un ordre merveilleux.*
> Gottfried Wilhelm Leibniz

1.1 Motivations

L'objectif de nos travaux est de développer un *calcul symbolique non commutatif,* puis de l'implanter en *calcul formel,* pour étudier le comportement des *systèmes dynamiques* en leurs singularités. Cette étude nécessite l'introduction des fonctions spéciales et des nombres spéciaux sur lesquels les aspects *algébrico-combinatoires* issus des travaux en *informatique théorique* de Schützenberger [1] donnent un éclairage *nouveau.*

Le calcul symbolique que nous développons poursuit et amplifie le calcul symbolique de l'ingénieur électricien Heaviside [2] dont on connaît aujourd'hui la fertilité dans la résolution des problèmes issus des modélisations par les systèmes dynamiques *linéaires* (en ingénierie, en physique, en économie mathématique, en bio-mathématique, ...). Il repose essentiellement sur le *codage* de Fliess des *intégrales itérées* de Chen par les *mots* et des *fonctionnelles causales* par les *séries formelles en indéterminées non commutatives.* Il nous conduit également à étudier les équations différentielles à coefficients *non constants* en établissant un lien entre les

---

1. Voir par exemple http://cartan.u-strasbg.fr/~slc/divers/mps/index.html
2. Voir par exemple
http://www-groups.dcs.st-and.ac.uk/history/Mathematicians/Heaviside.html

séries rationnelles en variables non commutatives (objets de la combinatoire et de l'informatique), les fonctions spéciales (objets de l'analyse complexe et de la physique mathématique) et les nombres transcendants (objets de l'arithmétique et de la théorie des nombres).

Dans la foulée, ce calcul nous permet de décrire les *structures* de base (algèbres de mélange, algèbres de Hopf) et d'*expliquer* la combinatoire des relations entre ces fonctions spéciales et nombres spéciaux (bases de transcendance, équations fonctionnelles, relations algébriques). Les logiciels ainsi obtenus (implantés en Macsyma, Scratchpad, Axiom, Maple) donnent des outils puissants pour vérifier les formules déjà connues, pour expérimenter et pour découvrir de *nouvelles* formules.

1.2   Questions préliminaires

Avant de décrire le cheminement des travaux présentés dans ce mémoire et le contenu (sections 1.3 et 1.5), nous examinons les questions suivantes :

1.2.1   Que peut-on calculer avec un ordinateur ?

Les *calculs* interviennent pratiquement dans toutes les activités sociales des cilivisations anciennes [3] ou modernes [35]. Ainsi, pour effectuer le calcul des surfaces des terrains, les Babyloniens estimaient [4] que $\pi = 3 + 1/8$ et les Egyptiens $\pi = (16/9)^2$. Archimède établissait que $3 + 10/71 < \pi < 3 + 1/3$ et $\pi \approx 211875/67441 = 3,14163$. Au cinquième siècle, Tsu Chung-Chi estimait que $3,1415926 < \pi < 3,1415927$. Depuis, on ne cesse améliorer la *précision*. C'est avec les *calculateurs électroniques* que Ferguson a poursuivi la quête de la valeur *exacte* de π en donnant 620 décimales en 1946. En 1997, le record était de $51\,539\,600\,000$ et il est détenu par Kanada.

Un tel effort accompagne nécessairement les progrès en algorithmiques numériques, des architectures et de l'arithmétique des ordinateurs [5]. Il modifie aussi la manière de considérer les problèmes. Ainsi, en 1995, Bailey, Borwein et Plouffe ont proposé de calculer la i-ième décimale de π au lieu de les calculer toutes et ils ont réussi à calculer la 10 milliardième décimale de π en 96 heures de calcul par l'intermédiaire d'un programme en Fortran sur un *supercalculateur* de la NASA. Ils ont utilisé la formule suivante pour calculer en fait la i-ième

---

3. Chez les Babyloniens et les Egyptiens, le *calcul* est né avec soucis d'*équité* pour le partage des richesses et la *libre* circulation des marchandises. Au temps des anciens, les calculs étaient souvent confiés aux prêtres. Cela garantie la stabilité des pouvoirs incarnant une justice forte.

4. Voir par exemple http://www.cecm.sfu.ca/pi/pi.html

5. Cela a stimulé beaucoup des compétitions technico-scientifiques, mais aussi l'industrie informatique : ordinateurs ayant processeurs rapides en parallèle et ayant mémoires rapides très importantes.

hexadécimale [6] de π [18] :

$$\pi = \sum_{n\geq 0}\left[\frac{4}{8n+1} - \frac{2}{8n+4} - \frac{1}{8n+5} - \frac{1}{8n+6}\right]\left(\frac{1}{16}\right)^n. \tag{1.1}$$

La formule (1.1) a été découverte, par ces auteurs, en expérimentant intensivement sur un supercalculateur avec l'algorithme PSLQ, et en utilisant Maple pour la vérification[18]. On souhaite actuellement accéder directement la i-ième *décimale* de π en cherchant les polynômes $a(n)$ et $b(n)$ tels que :

$$\pi = \sum_{n\geq 0}\frac{a(n)}{b(n)}\left(\frac{1}{10}\right)^n? \tag{1.2}$$

La formule (1.1) et la formule hypothétique (1.2) suggèrent l'idée que le *calcul numérique de haute précision* sert uniquement à évaluer numériquement ces sommes. Ce qui est important, ce n'est pas la valeur numérique (approchée avec des millards de décimales) de chaque nombre mais ce sont les relations qui relient ces sommes. Alors, comment établir automatiquement les relations entre les nombres? comment expliquer ces relations? quelle est la structure sous-jacente?

1.2.2 Les fonctions spéciales pourquoi faire?

La formule hypothétique (1.2) suggère également l'idée d'introduire un paramètre z, puis de "faire $z = 1/10$". Cela conduit aux *séries hypergéométriques* :

$$F(z) = \sum_{n\geq 0}\frac{a(n)}{b(n)}z^n. \tag{1.3}$$

La sommation des séries dans (1.3) conduit souvent aux fonctions hypergéométriques (voir section 4.4) et aux fonctions *holonomes* vérifiant une *équation différentielle linéaire à coefficients polynomiaux* en z (en géométrie différentielle, on dit également un *système dynamique linéaire*). Les questions précédemment soulevées pour les nombres spéciaux se transfèrent donc aux fonctions : comment établir automatiquement les relations entre les fonctions? comment expliquer ces relations? quelle est la structure sous-jacente?

Nous construisons, au chapitre 4, une base d'une algèbre de fonctions spéciales dans laquelle les tests d'égalité seraient décidables. Nous en déduisons, en section 5.4, une classe de nombres dont la structure rendrait les tests d'égalité "décidables" de manière exacte.

---

6. Voir par exemple `http://www.cecm.sfu.ca/personal/jborwein/pi_cover.html`

Rappelons que la théorie des systèmes dynamiques est née de la *mécanique céleste*, c'est-à-dire de l'étude du mouvement des planètes sous l'action de la gravitation universelle dont les lois de mouvement ont été découvertes par Kepler[7] (1571-1630) et par Newton[8] (1643-1727) donnant naissance au *problème des N corps*[9]. Bien que les théorèmes classiques assurent l'existence d'une solution pour ce problème, il reste un problème difficile car, comme l'a montré Poincaré[10] (1854-1912) une telle solution (pour $N \geq 3$) ne peut s'exprimer avec les fonctions usuelles de la physique mathématique. Dans ces travaux, on cherche des familles de *polynômes orthogonaux*, de *fonctions transcendantes* et de *fonctions spéciales* pour produire les solutions des équations d'évolution et pour étudier leur comportement aux points singuliers. Pour classifier, pour étudier et pour expliquer les identités et relations entre ces familles de fonctions, on a introduit plusieurs structures mathématiques : groupes et algèbres de Lie (voir par exemple [108, 136]), algèbres de convolution (voir par exemple [40, 41, 42]), $\mathcal{D}$-modules (voir par exemple [106]), groupes de monodromies et groupes de Galois différentiels (voir par exemple [116, 144]), ... C'est très récemment qu'on songe à utiliser un ordinateur pour prouver automatiquement et de manière exacte des identités entre les fonctions spéciales et en particulier, les fonctions holonomes[11] [150, 151, 153, 122, 34]. En effet, Zeilberger et son compagnon Shalosh ont développé des algorithmes et logiciels[12] basés sur la théorie des $\mathcal{D}$-modules dont l'étude était menée par Bernstein [8, 9]. Aujourd'hui ces travaux constituent la base des routines de sommation et intégration automatiques de nombreux systèmes de calcul formel [34, 122]. A propos des travaux de Zeilberger, Cartier a écrit [30] :

> *"On dispose maintenant d'un dictionnaire précis ramenant la preuve d'identités hypergéométriques (et en particulier de relations entre coefficients binomiaux) à celle d'identités entre fonctions rationnelles. Mais il resterait à organiser la masse de résultats obtenus, et à deviner les structures sous-jacentes."*.

Les travaux de Zeilberger sont assez proches de notre préoccupation. En effet, cet auteur a considéré une équation différentielle linéaire comme un module sur une *algèbre d'opérateurs linéaires différentiels* et les preuves automatiques des identités sommatoires et intégrales sont

---

7. Voir par exemple
   http://www-groups.dcs.st-and.ac.uk/history/Mathematicians/Kepler.html
8. Voir par exemple
   http://www-groups.dcs.st-and.ac.uk/history/Mathematicians/Newton.html
9. Le problème des N corps revient à intégrer un système de $3N$ équations différentielles linéaires d'ordre 2, où les fonctions inconnues du temps sont les 3 coordonnées des N corps constituant le système.
10. Voir par exemple
   http://www-groups.dcs.st-and.ac.uk/history/Mathematicians/Poincare.html
11. Les polynômes orthogonaux, les fonctions hypergéométriques sont les fonctions spéciales et ils sont holonomes. Les fonctions bêta, gamma, zêta sont des fonctions spéciales mais ne vérifiant pas une équation différentielle linéaire.
12. Ces travaux ont donné la naissance de la *Science des identités* dont les implantations en Maple sont présentées au SFCA'91 (Bordeaux) [152]. Voir par exemple
   http://www.math.temple.edu/~zeilberg/

effectuées dans cette algèbre. Nous partageons ce point de vue et nous privilégions le point de vue dual : pour étudier l'algèbre des solutions, nous considérons une *algèbre d'opérateurs intégraux*. Le cadre naturel pour une telle étude est la combinatoire et les algorithmes sur des mots de Lyndon ou de Širšov et sur des séries rationnelles en variables non commutatives. Ce point de vue se rapproche aussi à celui de Foata et Schützenberger [54, 55], Joyal [90], Bergeron, Labelle et Leroux [7], Flajolet [47], Viennot [135] et leurs collaborateurs. Ces auteurs étudient des structures finies (permutations, arborescences, graphes, tableaux, grammaires, chemins de Motzkin, histoire des fichiers, mots de Dyck, espèces de structures, ...) pour interpréter les coefficients, les identités vérifiées par des fonctions spéciales, les relations d'orthogonalité entre les polynômes orthogonaux, ... en contruisant des *bijections* :

"Cette approche évacue pratiquement tous les calculs." [54]

1.3 Cheminement des travaux présentés dans ce mémoire

Les travaux présentés dans ce mémoire s'incrivent dans le cadre du projet LOCALES [13] de la Faculté des Sciences Juridique, Politique et Sociale de l'Université du Droit et de la Santé (Lille 2) que je partage avec Hassan Bezzazi. A notre initiative, la thématique est également *partagée* avec l'équipe S.N.C.F. [14] de Gérard Jacob du Laboratoire d'Informatique Fondamentale de Lille de l'Université des Sciences et Technologies de Lille (Lille 1). Nous bénéficions en retour des *avancées* et des *compétences* en séries formelles en variables non commutatives (Christiane Hespel, Gérard Jacob et Nour-Eddine Oussous) et en calcul formel (François Boulier, Joris Van der Hoeven et Michel Petitot). Et surtout nous pouvons *concrétiser nos résultats sur le plan d'implantation* et pour mettre à la disposition d'autres utilisateurs nos logiciels et nos tables (Michael Bigotte et Abdel El Wardi). Cette collaboration scientifique est plus que fructueuse.

La majeure partie de nos travaux consistait à développer et à implanter (en Macsyma [66, 73] puis en Scratchpad [13, 14]) un calcul symbolique non commutatif (*transformation d'évaluation* [69]) pour étudier le comportement d'entrée/sortie des *systèmes dynamiques non linéaires* [69, 77]. La transformation d'évaluation fait partie prenante de l'implantation, par Boussemart (en Scratchpad [15]), d'un simulateur interactif des systèmes dynamiques non linéaires faisant l'*interface entre le calcul formel et le calcul numérique*. Ce simulateur a

---

13. L'équipe LOCALES : LOgique et CALcul pour l'Etude des Systèmes. Nous développons les thèmes principaux de l'informatique *Calcul* et *Raisonnement*. Cette équipe a bénéficié des BQR de l'Université de Lille 2 (1995 et 1996).

14. Le projet S.N.C.F. (Séries Non commutatives et Calcul Formel) est soutenu par le GRECO *Calcul Formel*, le GRECO *Automatique* de la section *Sciences Pour Ingénieurs* (SPI) et le GDR *Médicis* de la section *Sciences Physiques et Mathématiques* (SPM) du CNRS et le PRC *Mathématiques et Informatique* de la 27ième section de CNU.

permis simuler les techniques d'*approximations bilinéaires* et *nilpotentes* des systèmes dynamiques non linéaires [64, 66, 76] et la *planification des trajectoires* par Guyon [62].

Actuellement, nous étudions le comportement entrée/sortie des systèmes dynamiques en
les *singularités* avec les *entrées rationnelles*. Pour cela, il nous faut adapter un calcul symbolique non commutatif [66] dans le cadre de l'*analyse complexe* [69]. Nous allons décrire deux
principaux buts de ce mémoire :

1.3.1   Premier but poursuivi dans ce mémoire

Les mots de Lyndon-Širšov constituent une base de transcendance de l'*algèbre de mélange*
(base de Lyndon-Širšov). Les mots de Lyndon ont été introduits par Chen, Fox et Lyndon
[33] pour le *calcul différentiel libre*. Ils ont été étudiés systématiquement par Schützenberger
[123, 124], Viennot [105, 134] et Reutenauer [119]. Dans [119], nous avons également trouvé
une base duale de la base de Lyndon (base de PBW-Lyndon) et nous l'avons utilisée, dans [76],
pour coder les coordonnées d'un système dynamique (coordonnées locales de Lyndon). Suite
à ces travaux, Jacob nous a posé la question suivante :

Question 1.3.1 (Jacob). *Est-ce-que les coordonnées locales de Lyndon sont algébriquement
indépendantes ?*

Ces coordonnées locales de Lyndon sont obtenues comme étant les intégrales itérées associées aux éléments d'une base de transcendance de l'algèbre de mélange (base duale de la
base PBW-Lyndon, voir section 2.3.2). Sachant que cette transformation est un morphisme
d'algèbre de mélange, cette question est reformulée comme suit :

Question 1.3.2. *Est-ce-que la transformation d'évaluation est un isomorphisme de l'algèbre
de mélange dans une "algèbre de fonctions" ?*

La présente rédaction consiste alors à répondre à cette question et à exploiter ce résultat.
En effet, nous donnerons un cas où la réponse à la question 1.3.1 est positive et un autre cas
où la réponse est négative (théorèmes 3.4.1 et 3.4.2) :
  – Le cas positif correspond, en fait, à l'étude de l'indépendance linéaire d'une famille de
    polylogarithmes donnant naissance à une algèbre librement engendrée par les *polyloga-
    rithmes indicés par les mots Lyndon-Širšov* (voir section 4.2). L'argument principal de
    cette étude est le *calcul effectif de la monodromie* de ces fonctions spéciales [80] et les
    relations entre les sommes d'Euler [15] (1707-1783) et les sommes d'Euler-Zagier (voir
    section 5.4) [79].
  – Le cas négatif n'est pas encore tout à fait compris. Il conduirait probablement à une
    discussion sur le nombre minimal de formes différentielles pour engendrer les fonctions

---

15. Voir par exemple
    http://www-groups.dcs.st-and.ac.uk/history/Mathematicians/Euler.html

de type *hypergéométrique* (voir corollaire 3.4.1) et également une discussion sur les relations entre d'autres types de nombres spéciaux (les fonctions bêta, voir section 4.4).

1.3.2 Second but poursuivi dans ce mémoire

Les résultats de la section 1.3.1 nous suggèrent également de comprendre la conjecture suivante concernant des procédés automatiques pour vérifier les relations entre les valeurs des polylogarithmes en les arguments algébriques et pour établir les équations fonctionnelles entre les polylogarithmes :

Conjecture 1.3.1 (Zagier, [148]). *All relations among values of polylogarithms at algebraic arguments come from specializing functional equations (i.e., are "analytically derivable" in Lewin's terminology) and hence – since the process of verifying or specializing any functional equations are mecanic – are in some sence trivial ; of course, this is very non trivial use the word "trivial", since* finding *the functional equations needed is not at all easy matter.*

Par exemple pour le dilogarithme :

$$\mathrm{Li}_2(z) = \sum_{k \geq 1} \frac{z^k}{k^2}, \qquad |z| \leq 1, \tag{1.4}$$

on a (voir [103]) :

$$\mathrm{Li}_2\left(\frac{3-\sqrt{5}}{2}\right) = \frac{\pi^2}{15} - \log^2\left(\frac{1+\sqrt{5}}{2}\right), \tag{1.5}$$

$$\mathrm{Li}_2\left(\frac{-1+\sqrt{5}}{2}\right) = \frac{\pi^2}{10} - \log^2\left(\frac{1+\sqrt{5}}{2}\right), \tag{1.6}$$

$$\mathrm{Li}_2\left(\frac{1-\sqrt{5}}{2}\right) = -\frac{\pi^2}{15} + \frac{1}{2}\log^2\left(\frac{1+\sqrt{5}}{2}\right), \tag{1.7}$$

$$\mathrm{Li}_2\left(\frac{-1-\sqrt{5}}{2}\right) = \frac{\pi^2}{10} + \frac{1}{2}\log^2\left(\frac{1+\sqrt{5}}{2}\right), \tag{1.8}$$

$$\mathrm{Li}_2\left(\frac{3-\sqrt{5}}{2}\right) = \frac{\pi^2}{15} - \log^2\left(\frac{1+\sqrt{5}}{2}\right), \tag{1.9}$$

$$\mathrm{Li}_2\left(\frac{-1+\sqrt{5}}{2}\right) = \frac{\pi^2}{10} - \log^2\left(\frac{1+\sqrt{5}}{2}\right), \tag{1.10}$$

$$\mathrm{Li}_2\left(\frac{1-\sqrt{5}}{2}\right) = -\frac{\pi^2}{15} + \frac{1}{2}\log^2\left(\frac{1+\sqrt{5}}{2}\right), \tag{1.11}$$

$$\mathrm{Li}_2\left(\frac{-1-\sqrt{5}}{2}\right) = \frac{\pi^2}{10} + \frac{1}{2}\log^2\left(\frac{1+\sqrt{5}}{2}\right). \tag{1.12}$$

Ces valeurs spéciales sont obtenues à partir des équations fonctionnelles suivantes du dilogarithme (voir [103]) :

$$\mathrm{Li}_2(z^2) \;=\; 2[\mathrm{Li}_2(z) + \mathrm{Li}_2(-z)], \tag{1.13}$$

$$\mathrm{Li}_2\left(\frac{z}{z-1}\right) + \mathrm{Li}_2(z) \;=\; -\frac{1}{2}\log^2(1-z), \tag{1.14}$$

$$\mathrm{Li}_2(z) + \mathrm{Li}_2(1-z) \;=\; \frac{\pi^2}{6} - \log(1-z)\log(z), \tag{1.15}$$

$$\mathrm{Li}_2\left(\frac{1}{z}\right) + \mathrm{Li}_2\left(\frac{z-1}{z}\right) \;=\; \frac{\pi^2}{6} - \log\left(\frac{z-1}{z}\right)\log\left(\frac{1}{z}\right), \tag{1.16}$$

$$\mathrm{Li}_2\left(\frac{1}{1-z}\right) + \mathrm{Li}_2\left(\frac{z}{z-1}\right) \;=\; \frac{\pi^2}{6} - \log\left(\frac{z}{z-1}\right)\log\left(\frac{1}{1-z}\right). \tag{1.17}$$

Le dilogarithme est appelé aussi fonction de Legendre par Nielsen [111]. Il est connu depuis Leibniz en 1696, puis par Euler, Abel, Hill, Jonquière, Kummer, Lindelöf, Lobachev (voir [103]). Chez les physiciens, il est connu comme la fonction de Spence (voir [103]). Les équations fonctionnelles pour le *trilogarithme* ont été également obtenues par Landen (vers 1780, [103]). Pour les polylogarithmes classiques d'ordre plus élevé, très peu de résultats sont connus. Les travaux ont débuté avec Kummer (vers 1840, [103]). Les seuls livres consacrés à ces polylogarithmes sont [102, 103, 104]. Ils contiennent des bibliographies exhaustives incluant les travaux de Nielsen (vers 1903, [103]). Aujourd'hui le cadre algébrique (voir [104]) pour l'étude de ces fonctions est l'algèbre de Hopf (quasi-Hopf) et la structure de Hodge (Hodge mixte).

Vient alors un autre objectif de ce mémoire : comprendre la structure des équations fonctionnelles et celle des relations entre les valeurs spéciales des polylogarithmes que l'on peut trouver dans [103, 104]. Pour cela, nous nous plaçons dans le cadre de la combinatoire des mots et des séries formelles en variables non commutatives. Ces études seront décrites aux chapitres 4 et 5 :

- Nous étudions l'algèbre des polylogarithmes en montrant qu'elle est isomorphe à l'agèbre de mélange [80, 81]. Nous en tirons les conséquences *algorithmiques* concernant le calcul effectif de la monodromie, du comportement asymptotique, des relations algébriques et des équations fonctionnelles des polylogarithmes [69, 80, 81].
- Nous étudions également les séries génératrices (commutatives et non commutatives) des polylogarithmes [69, 80, 81]. Nous en tirons les conséquences pour diverses sommations automatiques des polylogarithmes [69, 78].
- Nous appliquons ces études aux équations différentielles à coefficients méromorphes, aux équations intégrales des arbres quadrants [77, 78] et aux relations entre les sommes d'Euler-Zagier [79].

1.4 Influences sur ce mémoire

Comme déjà dit plus haut, le cadre naturel de nos travaux est l'algèbre des séries formelles en variables non commutatives. Ces séries sont considérées comme une généralisation des séries formelles en une seule variable (ou en plusieurs variables commutatives). Le développement de ces objets était influencé d'abord par l'analyse complexe et ses applications en arithmétique et en théorie des nombres (travaux des approximants de Padé, nombres transcendants, ...). Les questions de décidabilité et les problèmes algorithmiques les ont amenés dans l'informatique en forgeant la théorie et en devenant les outils fondamentaux aussi bien pour la résolution des problèmes théoriques posés par cette discipline que pour les applications. En effet, depuis l'introduction des séries formelles pour la première fois en informatique par Schützenberger [123, 124] pour étudier les problèmes liés à la théorie des langages et la théorie des automates, on trouve les ouvertures vers le développement des logiciels de base comme les compilateurs, les interpréteurs, les transducteurs, ... Les séries formelles bénéficient des acquis de la théorie des langages et de la théorie des automates. En retour, les techniques qu'elles développent et les résultats qu'elles obtiennent ont permis de nouvelles visions dans ces domaines [10]. L'enracinement des séries formelles en informatique ne s'arrête pas là. En effet, si la théorie des langages et la théorie des automates s'efforcent d'être pertinents dans les applications de l'informatique comme les éditeurs de textes guidées par la syntaxe, les systèmes de gestion de base de données via l'histoire des fichiers, le traitement des codes génétiques, le stockage des images informatiques avec arborescences hyperquaternaires, ... Les séries formelles entrent dans l'ère du calcul formel en devenant l'outil indispensable et inséparable de la combinatoire (algébrique, bijective, énumérative) pour traiter, au moyen d'ordinateurs, les problèmes issus des modélisations mathématiques comme témoignent les logiciels pour l'expérimentation mathématique développés dans le projet CalICo de Bordeaux, le projet $\lambda\gamma\Omega$ de l'INRIA Rocquentcourt et le projet S.N.C.F. de Lille. Les objectifs du projet S.N.C.F. peuvent être lus à travers les lignes suivantes de Jacob [86] :

> *"... Mais les séries formelles non commutatives se rattachent aussi à l'algèbre, voire à la géométrie. Elles jouent en effet le même rôle, en algèbre non commutative, ou dans les algèbres d'opérateurs, que celui joué par les séries formelles commutatives en algèbre commutative. Elles sont aussi le cadre naturel des calculs combinatoires et des développements en série dans les algèbres de Lie libre, avec notamment les calculs des bases de ces algèbres, et la détermination des coefficients des formules de Baker-Campbell-Hausdorff. Elles conduisent alors à des applications naturelles en théorie des systèmes dynamiques non linéaires.*
>
> *Les séries non commutatives bénéficient aussi des progrès récents dans la "combinatoire des mots" (en particulier les factorisations du monoïde libre). Elles bénéficient aussi des travaux en "combinatoire énumérative", qui conduisent à considérer certaines séries non commutatives comme le codage de familles d'objets combinatoires (arbres, graphes, chemins et histoires). Dans la même voie, les*

résultats obtenus par les techniques de séries génératrices (commutatives) pour le calcul algorithmique des complexités d'algorithmes *permettent d'entrevoir ce que pourrait être un logiciel intégré et modulaire de traitement des séries non commutatives".*

Ainsi, dans ce projet, on étudie les structures algébriques (algèbre de mélange, algèbre de Lie libre, algèbre de Hopf) et la combinatoire des séries non commutatives pour dégager des algorithmes puis les implanter en calcul formel (Macsyma, Axiom puis Maple et éventuellement en C++). Les applications de ce projet se tournaient essentiellement vers l'automatique non linéaire (approximation bilinéaire [64], réalisation analytique minimale [113, 115], découplage des systèmes dynamiques [66], planification de trajectoire [62], identification algébrique [64], ...). Ces travaux ont débuté aux journées-séminaire "Traitement Algébrique et Informatique des Séries Formelles Non Commutatives" en 1988 à Lille, puis en 1990 à Paris. Avec la combinatoire algébrique, ces journées se transforment ensuite en les colloques internationaux bilingues "Séries Formelles et Combinatoire Algébrique" (SFCA) [16] ou encore "Formal Power Series and Algebraic Combinatorics" (FPSAC) à Bordeaux (1991), Montréal (1992), Florence (1993), Rutgers (1994), Marne-la-Valée (1995), Minneapolis (1996), Vienne (1997), Toronto (1998), Barcelone (1999) et Moscou (2000).

Les travaux dans ce mémoire reposent essentiellement sur le codage de Fliess des intégrales itérées de Chen par les mots et des fonctionnelles causales par les séries formelles en indéterminées non commutatives pour étudier les équations différentielles à coefficients méromorphes dont la remarque suivante de Fliess [51] ne manque pas d'influencer sur nos travaux :

> *"L'origine de ce travail se trouve dans les problèmes posés par l'automatique non linéaire. Il faut cependant noter une rencontre entre notre combinatoire non commutative et certains développements de la mécanique statistique ou quantique. L'intégrale itérée de Chen, ici employée s'apparente aux* intégrales chronologiques *(ou* time-ordered integrals*) usuelles depuis Dyson [...]. Quant au mélange, il est très proche des méthodes formelles proposées, il y a longtemps, par Feynman [...]".*

La réponse à la question 1.3.1 est influencée, en fait, par l'exposé de Wojtkowiak sur les polylogarithmes [141, 142, 143] lors de la réunion de travail du GdR MEDICIS (Luminy, Octobre 1992). Il nous conduit aux travaux de Lewin [103, 104], puis de Nielsen [17] [109, 110, 111]. Ces travaux nous suggèrent également de comprendre la conjecture 1.3.1 de Zagier (voir théorème 4.2.6).

L'influence de l'exposé de Flajolet lors des journées "Fonctions Spéciales et Calcul Formel" (Limoges, Mars 1993), sur les arbres hyperquaternaires de recherche [46, 44, 49] ainsi

---

16. Voir par exemple http://www.liafa.jussieu.fr/~cp/FPSAC/
17. Voir par exemple
http://www-groups.dcs.st-and.ac.uk/history/Mathematicians/Nielsen.html

que les travaux de Labelle et Laforest [93, 94, 95] nous conduisent aux fonctions hypergéométriques et aux équations différentielles hypergéométriques. Les discussions avec Labelle nous conduisent à la fonction zêta de Riemann (SFCA'95 et SFCA'96). La philosophie de base de ces travaux sur les arbres hyperquaternaires de recherche, qui interpelle notre imagination, est l'*analyse des singularités*, les *développements asymptotiques* des solutions via les *transformations intégrales*. Cette philosophie et ces techniques nous ont été déjà présentées lors des colloques SFCA'88 (Lille) et SFCA'91 (Bordeaux). Nous nous sommes efforcés de prouver, en conséquent, que nos outils sont également adéquats pour aborder ces travaux, en examinant l'équation d'intégrale des quadtrees [77, 78]. Suite aux questions de Flajolet et de Jacob concernant nos travaux, lors de la réunion du PRC Math-Info (Décembre 1995) et suite aux travaux de Flajolet et Salvy sur les sommes harmoniques [50], nous sommes amenés à montrer que les mots de Lyndon et les implantations du calcul de Lie, sont également adéquats pour construire la table des relations entre les sommes d'Euler-Zagier indicés par les mots de Lyndon et pour comprendre la conjecture de dimension de Zagier [149]. Ces tests reposent aussi sur les travaux de Borwein et al. [16, 17, 19], de Hoffmann [82, 83], de Broadhurst et Kreimer [23, 24]. En particulier, Broadhurst a écrit en citant [79] (Décembre 97) :

> *"... Je vous assure que les mots de Lyndon servent à bien organiser un tel calcul immense !"*.

pour répondre à la question suivante de Deligne (Décembre 97) :

> *"... what are Lyndon words ?*
> *Where can I look what they are good for ?"*

C'est Cartier, lors de ses exposés à Lille (Décembre 97), à Bures-sur-Yvette (Avril 98) et Palaiseau (Juin 98) qui nous a montré que les résultats de [79, 80] permettent de *simplifier* les travaux de Drinfel'd [36, 37] et ceux de Lê et Murakami (la *renormalisation* de l'*associateur de Drinfel'd*) [101]. Et c'est Ecalle lors de son exposé à Lille (Mars 98) qui a confirmé le lien entre les polylogarihmes et les *fonctions résurgentes*. Aussi bien Cartier qu'Ecalle, ont reconnu l'importance des polylogarihmes, et des intégrales itérées de Chen [32] en général, dans l'étude de la monodromie des équations différentielles linéaires à coefficients méromorphes. En particulier, Ecalle a écrit [42] :

> *"les dérivations étrangères sont la seule incarnation naturelle des algèbres de Lie libres (de dimension finie ou infinie)"*.

1.5 Contenu de ce mémoire

Dans ce mémoire, nous décrivons successivement
- Chapitre 2 : les notations et les outils utiles pour les chapitres suivant (calcul symbolique, codage et manipulation des fonctions spéciales),

- Chapitre 3 : la philosophie, les résultats et les implantations en calcul formel d'un calcul symbolique non commutatif considéré comme une *algèbre des opérateurs d'intégration* [67, 69],
- Chapitre 4 : le rapport entre le calcul symbolique non commutatif et les fonctions spéciales, définies en un nombre fini ou infini d'intégrales itérées [69, 77, 80] et les nombres spéciaux, obtenus comme les valeurs spéciales de ces fonctions [79]. Les propriétés combinatoires de ces fonctions et de ces nombres sont également étudiées dans le cadre des séries formelles en variables non commutatives,
- Chapitre 5 : les applications à l'étude des équations différentielles linéaires à coefficients méromorphes à monodromie unipotente, des équations intégrales singulières des arbres de quadrants et des constantes universelles [77, 78, 79, 80],
- Chapitre 6 : les conclusions et les objectifs à venir.

Ces chapitres permettent de faire une synthèse de nos travaux et, à cette occasion, d'unifier les notations employées dans la liste des travaux suivants :

1.6   Publications et communications

Revues Internationales

1. Hoang Ngoc Minh, Petitot M., *Mots de Lyndon, Polylogarithmes et fonctions zêta de Riemann*, à paraître dans Discrete Mathematics, 2000.

2. Hoang Ngoc Minh, Jacob G., *Symbolic Integration of meromorphic differantial equation via Dirichlet functions*, Discrete Mathematics 210, pp. 87-116, 2000.

3. Hoang Ngoc Minh, *Fonctions de Dirichlet d'ordre n et de paramètre t*, dans Discrete Mathematics 180, pp 221-242, 1998.

4. Hoang Ngoc Minh, *Summations of Polylogarithms via Evaluation Transform*, dans Mathematics and Computers in Simulations, 1336, pp 707-728, 1996.

5. Hoang Ngoc Minh, Jacob G., *Evaluation transform and its implementation in MAC-SYMA*, dans "New Trends in Systems Theory", Birkhaüser, Boston, 1991.

6. Hoang Ngoc Minh, Jacob G., Oussous N.E., *Input/Output behaviour of nonlinear analytic systems : rational approximations, nilpotent structural approximations*, dans "Analysis of controlled dynamical systems", Birkhaüser, Boston, 1991.

7. Hoang Ngoc Minh, *Evaluation Transform*, dans Theoretical Computer Science, numéro 79, pp. 163-177, 1991.

8. Hoang Ngoc Minh, *Découplage des systèmes dynamiques non linéaires*, dans Lecture Notes In Control and Information Sciences, Springer-Verlag, 165, pp. 178-187, 1991.

9. Hoang Ngoc Minh, Jacob G., *Evaluation transform and symbolic calculus for nonlinear control systems*, dans Lecture Notes In Control and Information Sciences, Springer-Verlag, 144, pp. 381-390, 1990.

Colloques internationaux avec comité de lecture

1. Hoang Ngoc Minh, *Functionnal Equation Polylogarithms with Axiom*, FPSAC'99, Madrid, Espagne, Juin 1999.

2. Hoang Ngoc Minh, M. Petitot, J. van der Hoeven, *L'algèbre des polylogarithms par les séries génératrices*, FPSAC'99, Barcelone, Espagne, Juin 1999.

3. Hoang Ngoc Minh, G. Jacob, Oussous N.E. & M. Petitot, *Aspects combinatoires des fonctions spéciales et des nombres spéciaux*, 43e Séminaire Lotharingien de Combinatoire, Schoental, Allemagne, Mars 1999.

4. Hoang Ngoc Minh, M. Petitot, J. van der Hoeven, *Computation of the monodromiy of generalized polylogarithms*, ISSAC'98, Rostock, Allemagne, Août 1998.

5. Hoang Ngoc Minh, M. Petitot, J. van der Hoeven, *Polylogarithms and Shuffle Algebra*, FPSAC'98, Toronto, Canada, Juin 1998.

6. Hoang Ngoc Minh, M. Petitot, *Mots de Lyndon : Générateur de relations entre Polylogarithmes de Nielsen*, FPSAC'97, Viennes, Autriche, Juillet 1997.

7. Hoang Ngoc Minh, G. Jacob, *Symbolic Integration of Meromorphic Differential Systems via Polylogarithms*, Pragues, Juin 1997.

8. Hoang Ngoc Minh, *Un algorithme pour engendrer les relations entre les sommes d'Euler via le théorème de Radford*, Atelier Mathématique expérimentale et Combinatoire, Montréal, Canada, Mai 1997.

9. Hoang Ngoc Minh, *Intégration symbolique des équations différentielles linéaires à coefficients méromorphes via les fonctions de Dirichlet*, FPSAC'96, Minneapolis, USA, Juin 1996.

10. Hoang Ngoc Minh, *Bilinear System Steering With Singular Inputsm*, New Computer Technologies in Control Systems, Pereslavl-Zalessky, Russie, Août 1995.

11. Hoang Ngoc Minh, *Fonction Génératrice Polylogarithmique d'Ordre n et de Paramètre t*, FPSAC'95, Marne-la-Vallée, Juin 1995.

12. Hoang Ngoc Minh, *Chained System Steering With Singular Inputs*, New Computer Technologies in Control Systems, Pereslavl-Zalessky, Russie, Juillet 1994.

13. Hoang Ngoc Minh, *Polylogarithms & Evaluation Transform*, IMACS Symposium, Lille, Juin 1993.

14. Boussemart F., Hoang Ngoc Minh, *Simulation du comportement entrée/sortie des systèmes dynamiques*, FPSAC'91, Bordeaux, Mai 1991.

15. Boussemart F., Hoang Ngoc Minh, *Graphic Simulation of Behaviour of Nonlinear Control Systems in Scratchpad*, IMACS - IFAC Symposium, Lille, Mai 1991.

16. Hoang Ngoc Minh, *Input/Output behaviour of nonlinear control systems : about exact and approximated computations*, IMACS - IFAC Symposium, Lille, Mai 1991.

17. Hoang Ngoc Minh, *Découplage des systèmes dynamiques non linéaires*, First European Conference on Algebraic Computing in Control, Paris, Mars 1991.

18. Hoang Ngoc Minh, Jacob G., Oussous N.E., *Comportement Entrée/Sortie des Systèmes Analytiques Non Linéaires : approximations rationelles, approximations structurelles nilpotentes*, Colloque International sur l'Analyse des Systèmes Dynamiques Contrôlés, Lyon, Juillet 1990.

19. Hoang Ngoc Minh, Jacob G., *Evaluation transform and its implementation in MAC-SYMA*, New Trends in Systems Theory, Genoa, Italie, Juillet 1990.

20. Hoang Ngoc Minh, Jacob G., *Evaluation transform and symbolic calculus for nonlinear control systems*, Ninth International Conference Analysis and Optimization of systems, Antibes, Juin 1990.

21. Hoang Ngoc Minh, Jacob G., *Symbolic Salculus and Volterra Series*, IFAC Symposium on Nonlinear Control Systems Design, Capri, Italie, Juin 1988.

Manifestations d'audience nationale avec comité de lecture

1. Hoang Ngoc Minh, *Mots de Lyndon et sommes de Riemann généralisées*, Journées PRC AMI 97, Luminy, Septembre 1997.

2. Hoang Ngoc Minh, *Evaluation des séries génératrices avec les entrées rationnelles*, Journées PRC Math-Info 95, Luminy, Juin 1995.

3. Hoang Ngoc Minh, *Fonctions Génératrices Polylogaritmiques et Systèmes d'Equations Différentielles Chaînées*, Journées PRC Math-Info 93, Luminy, Novembre 1993.

4. Hoang Ngoc Minh, *Transformation d'Evaluation avec Noyau*, Deuxième Journées-Séminaire Traitement Algébrique et Informatique des Séries Formelles Non Commutatives, Paris, Avril 1990.

5. Hoang Ngoc Minh, *Transformation d'Evaluation et Calcul Symbolique pour les Systèmes Dynamiques Non Linéaires*, Journées du GRECO de Calcul Formel, Luminy, Juin 1988.

6. Hoang Ngoc Minh, *Eléments d'un Calcul Symbolique pour les Systèmes Dynamiques Non Linéaires*, Journées Calcul Formel en Théorie des Systèmes, Gif-sur-Yvette, Avril 1988.

7. Hoang Ngoc Minh, *Transformation d'Evaluation*, Journées-Séminaire Traitement Algébrique et Informatique des Séries Formelles Non Commutatives, Lille, Décembre 1988.

Chapitre 2

Aspects algébrico-combinatoires du calcul symbolique non commutatif

Avouerai-je que ces applications et d'autres à venir
ne sont pour moi que l'une des raisons de l'intérêt que je porte aux codes,
et dirai-je que ma conception des mathématiques appliquées
est de voir dans les applications une source extérieure de théorèmes
et d'intuitions de techniques de preuve pouvant être utilisées
pour le progrès de la science mathématique
en supplément des motivations internes
que fournit la structure et le mouvement même de cette science.
Marcel Paul Schützenberger

2.1 Introduction

Ce chapitre ne contient pas de résultats originaux. Son objectif est de fixer les notations et d'introduire les outils utiles pour les chapitres suivants (calcul symbolique, codage et manipulation des fonctions et des nombres spéciaux). Ici, nous utilisons essentiellement les notations de [10, 105, 119, 134].

L'organisation de ce chapitre est la suivante :

- Section 2.2 : nous introduisons les notations et les propriétés combinatoires des mots (mots de Lyndon-Širšov) et les calculs résiduels sur les séries formelles en variables non commutatives à coefficients complexes,
- Section 2.3 : nous rappelons les structures algébriques des séries formelles en variables non commutatives (algèbre associative, algèbre de Lie libre, algèbre de mélange, algèbre de Hopf). Les aspects algébrico-combinatoires des polynômes en variables non commutatives sont déjà implantés dans les systèmes de calcul formel (Macsyma par Oussous

21

[113], Axiom par Petitot [115], Maple par Bigotte [12]) dont une des couches externes est notre calcul symbolique non commutatif [66, 73, 15, 13, 14] (voir chapitre 3) et notre codage des fonctions spéciales [79, 80, 81] (voir chapitre 4),

- Section 2.4 : nous donnons les éléments de la topologie ultramétrique de l'ensemble des séries formelles en variables non commutatives,
- Section 2.5 : nous présentons les séries formelles de Lie, les exponentielles de Lie et le critère de Friedrichs, ainsi que le théorème de Ree et le théorème de Schützenberger. Ces deux théorèmes sont essentiels dans l'étude des séries génératrices des polylogarithmes (voir chapitre 4),
- Section 2.6 : nous terminons par les propriétés algébrico-combinatoires des séries rationnelles et leur représentation linéaire. Les polynômes et les séries rationnelles nous permettent d'implanter en calcul formel divers algorithmes concernant les fonctions spéciales vérifiant les équations intégrales singulières ou les équations différentielles à coefficients méromorphes [77, 78] et les nombres spéciaux qui sont des valeurs des arguments algébriques des fonctions spéciales [79, 80, 81] (voir chapitre 5).

2.2   Mots et séries formelles

2.2.1   Mots et ordres lexicographiques

Soit $X = \{x_0, \ldots, x_m\}$ un ensemble fini non vide que l'on appelle *alphabet*. Un élément de X est appelé *lettre*. Un *mot* w (sur X) est une suite de lettres de X, $w = x_{j_1} x_{j_2} \ldots x_{j_k}$. Le miroir de w est le mot $\widetilde{w} = x_{j_k} x_{j_{k-1}} \ldots x_{j_1}$. La *longueur* d'un mot w est notée $|w|$ (ici $|w| = k$). La suite vide, que l'on appelle aussi *mot vide*, sera noté ϵ, (sa longueur est donc nulle). On note $|w|_x$ le nombre d'occurences de la lettre x dans le mot w. On a clairement :

$$|w| = |w|_{x_0} + \ldots + |w|_{x_m}. \tag{2.1}$$

On note X^* l'ensemble des mots sur X et X^+ l'ensemble $X^* \smallsetminus \{\epsilon\}$. On note également X^k l'ensemble des mots de longueur $k \geq 0$, on a clairement :

$$X^* = \bigcup_{k \geq 0} X^k. \tag{2.2}$$

On définit le produit de deux mots u et v de X^* par la "juxtaposition" des lettres de u et celles de v. Ainsi, pour $u = x_{j_1} x_{j_2} \ldots x_{j_k}$ et $v = x_{i_1} x_{i_2} \ldots x_{i_l}$, alors le produit des deux mots u et v est le mot

$$w = uv = x_{j_1} x_{j_2} \ldots x_{j_k} x_{i_1} x_{i_2} \ldots x_{i_l}. \tag{2.3}$$

Ce produit est associatif, et admet ϵ comme élément neutre. X^* muni de ce produit n'est autre que *le monoïde libre engendré par l'alphabet* X [10, 105]. Posons :

$$X_0 = X \smallsetminus \{x_0\}. \tag{2.4}$$

On a l'identité suivante :

$$X^* = (x_0^* X_0)^* x_0^* = \bigcup_{k \geq 0} (x_0^* X_0)^k x_0^*. \tag{2.5}$$

L'alphabet X est maintenant supposé muni d'un *ordre total*, noté "<". Nous considérons sur X^*, l'ordre lexicographique (resp. l'ordre lexicographique inverse) comme suit :

$$u < v \iff \begin{cases} \text{soit } \exists w \in X^*, w \neq 1 & \text{tel que } uw = v \\ & (\text{resp. } wu = v), \\ \text{soit } \exists f, g, h \in X^*, x, y \in X, x < y & \text{tels que } u = fxg, v = fyh \\ & (\text{resp. } u = fxh, v = gyh). \end{cases} \tag{2.6}$$

Un mot est un mot de Lyndon (resp. de Širšov) si et seulement si il est strictement plus petit que chacun de ses facteurs droits (resp. gauches) propres pour l'ordre lexicographique (resp. l'ordre lexicographique inverse). Nous notons $\mathcal{L}$ (resp. $\mathcal{S}$) l'ensemble des mots de Lyndon (resp. de Širšov) sur X.

Exemple 2.2.1. *Soit* $X = \{0, 1\}$ *avec* $0 < 1$, *les mots de Lyndon et les mots de Širšov de longueur au plus 5 sur* X^* *sont les mots suivants de* $\mathcal{L}_{\leq 5}$ *et de* $\mathcal{S}_{\leq 5}$ *respectivement :*

$$\mathcal{L}_{\leq 5} = \{0, 0^4 1, 0^3 1, 0^3 1^2, 0^2 1, 0^2 101, 0^2 1^2, 0^2 1^3, 01, 0101^2, 01^2, 01^3, 01^4, 1\}, \tag{2.7}$$

$$\mathcal{S}_{\leq 5} = \{0, 10^4, 10^3, 1^2 0^3, 10^2, 1010^2, 1^2 0^2, 1^3 0^2, 10, 1^2 010, 1^2 0, 1^3 0, 1^4 0, 1\}. \tag{2.8}$$

Présentée comme ci-dessus, la liste $\mathcal{L}_{\leq 5}$ *(resp.* $\mathcal{S}_{\leq 5}$) *est dans l'ordre lexicographique (resp. l'ordre lexicographique inverse) décroissant. Les éléments de* $\mathcal{S}_{\leq 5}$ *sont l'image miroir de ceux de* $\mathcal{L}_{\leq 5}$.

Dans la suite, nous adoptons les éléments de $\mathcal{S}$ (nous désignons aussi par les mots de Lyndon-Širšov).

Si b est un mot de Lyndon-Širšov alors b peut s'écrire de façon unique comme suit [134] :

$$\begin{cases} \text{soit } b \in X, \\ \text{soit } b = ml, \text{ où } l, m \in \mathcal{S} \text{ et } l < m. \end{cases} \tag{2.9}$$

Le couple (m, l) est appelé la *factorisation standard* de b. Chaque mot w de X^* peut s'écrire de manière unique (lemme de Širšov [119, 134]) comme une factorisation par les mots de Lyndon-Širšov : $w = l_1^{i_1} l_2^{i_2} \ldots l_k^{i_k}$, où chaque l_i est un mot de Lyndon-Širšov et $l_1 < \ldots < l_k$. En d'autres termes :

$$X^* = \prod_{l \in \mathcal{S}} l^* \quad \text{(ordre lexicographique inverse).} \tag{2.10}$$

2.2.2 Séries formelles et calculs de résiduels

On appelle *série formelle à coefficients dans* $\mathbb{C}$ *en les indéterminées associatives* $x \in X$ *(non commutatives si* card $X \geq 2$*),* toute application :

$$S : X^* \longrightarrow \mathbb{C}$$
$$w \longmapsto \langle S|w \rangle,$$

et on note $\mathbb{C}\langle\langle X \rangle\rangle$ l'ensemble des séries formelles sur X. Une série S sera notée comme une somme infinie :

$$S = \sum_{w \in X^*} \langle S|w \rangle w. \tag{2.11}$$

Une série S est dite *propre* si et seulement si son terme constant, $\langle S|\epsilon \rangle$, est nul.

On définit le miroir de S comme suit :

$$\widetilde{S} = \sum_{w \in X^*} \langle S|w \rangle \widetilde{w}. \tag{2.12}$$

L'*antipode* a est l'application qui associe S la somme suivante :

$$a(S) = \sum_{w \in X^*} (-1)^{|w|} \langle S|w \rangle \widetilde{w}. \tag{2.13}$$

En particulier, l'antipode du mot w :

$$a(w) = (-1)^{|w|} \widetilde{w}. \tag{2.14}$$

Le support d'une série S de $\mathbb{C}\langle\langle X \rangle\rangle$ est l'ensemble supp S

$$\operatorname{supp} S = \{w \in X^* | \langle S|w \rangle \neq 0\}. \tag{2.15}$$

On définit l'*ordre* de S, que l'on note ωS, par :

$$\omega S = \begin{cases} +\infty & \text{si } S = 0, \\ \inf\{|w|, \quad w \in \operatorname{supp} S\} & \text{si } S \neq 0. \end{cases} \tag{2.16}$$

Une série formelle P de support fini est appelée *polynôme*. Le *degré* de P est l'ensemble $\deg S$ défini par :

$$\deg P = \begin{cases} -\infty & \text{si } P = 0, \\ \max\{|w|, \quad w \in \operatorname{supp} P\} & \text{si } P \neq 0. \end{cases} \tag{2.17}$$

On note $\mathbb{C}\langle X \rangle$ l'ensemble des polynômes à coefficients dans $\mathbb{C}$ en les indéterminées associatives $x \in X$. Chaque série formelle S de $\mathbb{C}\langle\langle X \rangle\rangle$ peut être considérée comme une forme linéaire sur $\mathbb{C}\langle X \rangle$:

$$\forall P \in \mathbb{C}\langle X \rangle, \quad \langle S|P \rangle = \sum_{w \in X^*} \langle P|w \rangle \langle S|w \rangle. \tag{2.18}$$

Ainsi $\mathbb{C}\langle\langle X\rangle\rangle$ est identifiée au dual de $\mathbb{C}\langle X\rangle$.

Soit S une série formelle de $\mathbb{C}\langle\langle X\rangle\rangle$. Soit u un mot de X^*. Nous appelons *résiduel à gauche* (resp. *droite*) *de S par u*, la série formelle $u \lhd S$ (resp. $S \rhd u$) de $\mathbb{C}\langle\langle X\rangle\rangle$ définie par [113] :

$$\forall w \in X^*, \quad \langle u \lhd S | w\rangle = \langle S | wu\rangle \quad (resp. \ \langle S \rhd u | w\rangle = \langle S | uw\rangle). \tag{2.19}$$

Nous pouvons vérifier aisément que pour toute série formelle S de $\mathbb{C}\langle\langle X\rangle\rangle$:

$$1 \lhd S = S \rhd 1 = S, \tag{2.20}$$

$$\forall u \in X^*, \quad \operatorname{supp}(u \lhd S) = \{w \in X^* | \ wu \in \operatorname{supp} S\}, \tag{2.21}$$

$$\operatorname{supp}(S \rhd u) = \{w \in X^* | \ uw \in \operatorname{supp} S\}, \tag{2.22}$$

et :

$$\forall u, v \in X^*, \quad v \lhd (u \lhd S) = vu \lhd S, \tag{2.23}$$

$$(S \rhd u) \rhd v = S \rhd uv, \tag{2.24}$$

$$(u \lhd S) \rhd v = u \lhd (S \rhd v). \tag{2.25}$$

Nous avons ainsi défini deux actions de X^* sur $\mathbb{C}\langle\langle X\rangle\rangle$. La première, notée par "$\lhd$ ", agit à gauche. Et la seconde, notée par "$\rhd$", agit à droite. Chacune des deux actions est associative et commute avec l'autre. Nous étendons ces deux actions à $\mathbb{C}\langle X\rangle$ de la manière suivante : soit S une série formelle de $\mathbb{C}\langle\langle X\rangle\rangle$ et soit P un polynôme de $\mathbb{C}\langle X\rangle$. Nous appelons *résiduel à gauche* (resp. *droite*) *de S par P*, la série formelle $P \lhd S$ (resp. $S \rhd P$) de $\mathbb{C}\langle\langle X\rangle\rangle$ définie par :

$$\forall w \in X^*, \quad \langle P \lhd S | w\rangle = \langle S | wP\rangle = \sum_{v \in X^*} \langle S | wv\rangle\langle P | v\rangle \tag{2.26}$$

$$\left(\text{resp.} \quad \langle S \rhd P | w\rangle = \langle S | Pw\rangle = \sum_{v \in X^*} \langle S | vw\rangle\langle P | v\rangle\right). \tag{2.27}$$

Et nous avons encore, pour toute série formelle S de $\mathbb{C}\langle\langle X\rangle\rangle$:

$$\forall P, Q \in \mathbb{C}\langle X\rangle, \quad Q \lhd (P \lhd S) = QP \lhd S, \tag{2.28}$$

$$(S \rhd P) \rhd Q = S \rhd PQ, \tag{2.29}$$

$$(P \lhd S) \rhd Q = P \lhd (S \rhd Q). \tag{2.30}$$

Remarque 2.2.1. *Pour toutes lettres x et y, pour tout mot w, on a (δ_x^y est le symbole de Kronecker usuel) :*

$$x \lhd (wy) = \delta_x^y w. \tag{2.31}$$

2.3　Structures algébriques des séries formelles

2.3.1　Algèbre associative

La *somme*, notée "+", de deux séries S et T de $\mathbb{C}\langle\langle X\rangle\rangle$ est la série $S + T$ de $\mathbb{C}\langle\langle X\rangle\rangle$ définie par :

$$\forall w \in X^*, \quad \langle S + T|w\rangle = \langle S|w\rangle + \langle T|w\rangle. \tag{2.32}$$

La somme est une opération associative et commutative. On vérifie aisément que :

$$\forall S, T \in \mathbb{C}\langle\langle X\rangle\rangle, \quad \deg(S + T) \leq \max\{\deg S, \deg T\}. \tag{2.33}$$

Le *produit de Cauchy*, noté ".", de deux séries T et S de $\mathbb{C}\langle\langle X\rangle\rangle$ est la série $T.S$ de $\mathbb{C}\langle\langle X\rangle\rangle$ définie par :

$$\forall w \in X^*, \quad \langle T.S|w\rangle = \sum_{u,v \in X^*, uv=w} \langle T|u\rangle\langle S|v\rangle. \tag{2.34}$$

Lorsqu'il n'y a pas d'ambiguïté, on omettra le symbole ".". $\mathbb{C}\langle\langle X\rangle\rangle$, muni de la somme et du produit de Cauchy, est un anneau (non commutatif) : l'associativité est héritée de l'associativité dans X^* ; la distributivité se montre par simple vérification. On identifie tout $a \in \mathbb{C}$ à la série $a\epsilon$. $\mathbb{C}$ s'identifie alors à un sous-anneau unitaire de $\mathbb{C}\langle\langle X\rangle\rangle$. Donc $\mathbb{C}\langle\langle X\rangle\rangle$ est une $\mathbb{C}$–algèbre, et donc aussi un $\mathbb{C}$–module à gauche et à droite. De même, pour le produit de Cauchy, $\mathbb{C}\langle X\rangle$ est une sous-algèbre de $\mathbb{C}\langle\langle X\rangle\rangle$.

2.3.2　Algèbre de Lie libre et bases PBW

On définit *le crochet de Lie* de deux polynômes P et Q de $\mathbb{C}\langle X\rangle$ par :

$$[P,Q] = PQ - QP. \tag{2.35}$$

Il est anticommutatif et vérifie l'identité de Jacobi. On note $\mathcal{L}ie\langle X\rangle$ le plus petit sous $\mathbb{C}$–module de $\mathbb{C}\langle\langle X\rangle\rangle$ qui contient les lettres de X et qui est stable par crochet de Lie. On sait que $\mathcal{L}ie\langle X\rangle$ est *l'algèbre de Lie libre sur* X [105, 119, 134]. Un élément de $\mathcal{L}ie\langle X\rangle$ est appelé *polynôme de Lie* sur X. Tout polynôme de Lie est propre.

Pour chaque mot de Lyndon-Širšov, nous posons récursivement [105, 119, 134] :

$$\begin{cases} \text{si} & b \in X & \text{alors} & Q_b = b, \\ \text{si} & st(b) = (m,l) & \text{alors} & Q_b = [Q_m, Q_l], \end{cases} \tag{2.36}$$

où $st(b)$ est la factorisation standard de b (voir [105, 119, 134]). La famille $\{Q_b\}_{b \in S}$ forment des bases de l'algèbre de Lie libre $\mathcal{L}ie\langle X\rangle$, appelée base de Lyndon-Širšov [105, 119, 134].

Soit $l_1^{i_1} l_2^{i_2} \ldots l_k^{i_k}$ la factorisation de w par les mots de Lyndon-Širšov, on pose (théorème Poincaré-Birkoff-Witt) [105, 119, 134] :

$$Q_w = Q_{l_1}^{i_1} Q_{l_2}^{i_2} \ldots Q_{l_k}^{i_k}. \tag{2.37}$$

Les $\{Q_w\}_{w \in X^*}$ forment des bases PBW-Lyndon-Širšov de l'algèbre associative des polynômes sur X [105, 119, 134].

Une série S de $\mathbb{C}\langle\langle X \rangle\rangle$, est appelée *série de Lie* si elle s'écrit de manière unique :

$$S = \sum_{k \geq 1} S_k, \tag{2.38}$$

où pour tout $k \geq 1, S_k$ est un polynôme de Lie homogène de degré k. On définit *le crochet de Lie* de deux séries

$$S = \sum_{k \geq 1} S_k \quad \text{et} \quad T = \sum_{l \geq 1} T_l, \tag{2.39}$$

par

$$[S, T] = \sum_{k,l \geq 1} [S_k, T_l], \tag{2.40}$$

où pour tout $k, l \geq 1, S_k, T_l$ sont des polynômes de Lie homogènes de degré k et l respectivement. Pour ce crochet, l'ensemble $\mathcal{L}ie\langle\langle X \rangle\rangle$ des séries de Lie sur X à coefficients dans $\mathbb{C}$ est une *algèbre de Lie*. Toute série de Lie est propre.

2.3.3 Algèbre de mélange et bases de transcendance

Le *produit de mélange de deux mots de* X^* est le polynôme homogène $u \sqcup v$ de degré $|u| + |v|$, défini récursivement comme suit :
— pour tout mot u :

$$u \sqcup \epsilon = \epsilon \sqcup u = u, \tag{2.41}$$

— pour tous mots u, v et pour toutes lettres x, y :

$$xu \sqcup yv = y[(xu) \sqcup v] + x[u \sqcup (yv)]. \tag{2.42}$$

Le polynôme $u \sqcup v$ est à coefficients entiers positifs. Il est clair que ce produit est associatif et commutatif. Le produit de mélange de deux séries S et T est défini par :

$$S \sqcup T = \sum_{u,v \in X^*, uv=w} \langle S|u \rangle \langle T|v \rangle u \sqcup v. \tag{2.43}$$

Il en est de même pour le produit de mélange de deux polynômes. Nous notons $\mathrm{Sh}_{\mathbb{C}}\langle X \rangle$ l'algèbre des polynômes à coefficients dans $\mathbb{C}$ munie du produit de mélange.

Une série S est dite *échangeable* si et seulement si deux mots ont le même coefficient dans S, chaque fois qu'ils ont la même *image commutative* (voir [51]). On peut aussi écrire pour tous mots u, v de X^* :

$$(\forall x \in X, |u|_x = |v|_x) \;\Rightarrow\; \langle S|u \rangle = \langle S|v \rangle. \tag{2.44}$$

Il s'en suit que S est échangeable si et seulement si S peut s'écrire sous la forme(m étant card X) :

$$S = \sum_{\alpha_0,\dots,\alpha_m \geq 0} s_{\alpha_0,\dots,\alpha_m} x_0^{n_0} \shuffle \dots \shuffle x_m^{n_m}. \tag{2.45}$$

Soit $l_1^{i_1} l_2^{i_2} \dots l_k^{i_k}$ la factorisation de w par les mots de Lyndon-Širšov. Alors on a (théorème de Radford, [117, 119]) :

$$\frac{l_1^{\shuffle\, i_1} \shuffle \dots \shuffle l_k^{\shuffle\, i_k}}{i_1! \dots i_k!} = w + \sum_{u \in X^{|w|}, u < w} c_u u, \tag{2.46}$$

où les c_u sont des constantes entières et pour tout entier i, $l^{\shuffle\, i}$ représente le polynôme suivant :

$$l^{\shuffle\, i} = \underbrace{l \shuffle \dots \shuffle l}_{i \text{ fois}}. \tag{2.47}$$

Ce théorème constitue un algorithme récursif pour décomposer le mot w dans la base Lyndon-Širšov.

Exemple 2.3.1. *Soit $X = \{0, 1\}$ avec $0 < 1$, nous avons les décompositions par des mots de Širšov suivantes :*

$$1010 = -2\, 1^2 0^2 + \frac{1}{2}(10)^{\shuffle\, 2}, \tag{2.48}$$

$$10^2 10 = -3\, 1010^2 - 6\, 1^2 0^3 + 10 \shuffle 10^2, \tag{2.49}$$

$$10^2 10^2 = -3\, 1010^3 - 6\, 1^2 0^4 + \frac{1}{2}(10^2)^{\shuffle\, 2}, \tag{2.50}$$

$$10^3 10 = 2\, 1010^3 + 4\, 1^2 0^4 + 10 \shuffle 10^3 - (10^2)^{\shuffle\, 2}, \tag{2.51}$$

$$10^3 10^2 = -4\, 10^2 10^3 - 10\, 1010^4 - 20\, 1^2 0^5 + 10^2 \shuffle 10^3, \tag{2.52}$$

$$10^3 10^3 = -4\, 10^2 10^4 - 10\, 1010^5 - 20\, 1^2 0^6 + \frac{1}{2}(10^3)^{\shuffle\, 2}, \tag{2.53}$$

$$10^4 10 = 5\, 10^2 10^3 + 15\, 1010^4 + 30\, 1^2 0^5 + 10 \shuffle 10^4 - 10^2 \shuffle 10^3, \tag{2.54}$$

$$10^4 10^2 = 5\, 10^2 10^4 + 15\, 1010^5 + 30\, 1^2 0^6 + 10^2 \shuffle 10^4 - \frac{3}{2}(10^3)^{\shuffle\, 2}, \tag{2.55}$$

$$10^4 10^3 = -5\, 10^3 10^4 - 15\, 10^2 10^5 - 35\, 1010^6 - 70\, 1^2 0^7 + 10^3 \shuffle 10^4, \tag{2.56}$$

$$10^4 10^4 = -5\, 10^3 10^5 - 15\, 10^2 10^6 - 35\, 1010^7 - 70\, 1^2 0^8 + \frac{1}{2}(10^4)^{\shuffle\, 2}. \tag{2.57}$$

On définit les polynômes $\{R_w\}_{w \in X^*}$, homogènes de degré $|w|$, récursivement comme suit :

$$R_w = \begin{cases} 1 & \text{si } w = 1, \\ R_v x & \text{si } w = vx \in \mathcal{S}, \\ & \quad (x \in X, v \in X^*), \\ \dfrac{R_{l_1}^{\sqcup\!\sqcup\, i_1} \sqcup\!\sqcup \ldots \sqcup\!\sqcup R_{l_k}^{\sqcup\!\sqcup\, i_k}}{i_1! \ldots i_k!} & \text{si } w = l_1^{i_1} \ldots l_k^{i_k}, \\ & \quad (l_i \in \mathcal{S} \text{ et } l_1 < \ldots < l_k). \end{cases}$$ (2.58)

Les $\{R_b\}_{b \in \mathcal{S}}$ forment une base de transcendance de l'algèbre des polynômes pour le produit de mélange. Elle est la base duale de la base PBW-Lyndon-Širšov [87, 88, 89, 119].

Exemple 2.3.2. *Soit $X = \{0, 1\}$ avec $0 < 1$, alors on vérifie aisément que :*

$$\forall n, p \geq 0, \quad 1^p 0^n = R_{1^p 0^n}.$$ (2.59)

Les autres mots de Širšov s'expriment aussi dans la base des R_b. Par exemple :

$$1010^2 = R_{1010^2} - 2R_{1^2 0^3}$$ (2.60)

et

$$1^2 010 = R_{1^2 010} - 3R_{1^3 0^2},$$ (2.61)

car :

$b \in \mathcal{S}_{\leq 5}$	$st(b)$	Q_b	R_b		
0	0	0	R_0	=	0
10^4	$(10^3, 0)$	$[Q_{10^3}, Q_0]$	$R_{10^3}0$	=	10^4
10^3	$(10^2, 0)$	$[Q_{10^2}, Q_0]$	$R_{10^2}0$	=	10^3
$1^2 0^3$	$(1^2 0^2, 0)$	$[Q_{1^2 0^2}, Q_0]$	$R_{1^2 0^2}0$	=	$1^2 0^3$
10^2	$(10, 0)$	$[Q_{10}, Q_0]$	$R_{10}0$	=	10^2
1010^2	$(10, 10^2)$	$[Q_{10}, Q_{10^2}]$	$\frac{1}{2}R_{10}^{\sqcup\!\sqcup\, 2}0$	=	$1010^2 + 2\,1^2 0^3$
$1^2 0^2$	$(1^2 0, 0)$	$[Q_{1^2 0}, Q_0]$	$R_{1^2 0}0$	=	$1^2 0^2$
$1^3 0^2$	$(1, 1^2 0^2)$	$[Q_1, Q_{10^2}]$	$R_{1^3 0}0$	=	$1^3 0^2$
10	$(1, 0)$	$[Q_1, Q_0]$	$R_1 0$	=	10
$1^2 010$	$(1^2 0, 10)$	$[Q_{1^2 0}, Q_{10}]$	$R_{1^2 01}0$	=	$1^2 010 + 3\,1^3 0^2$
$1^2 0$	$(1, 10)$	$[Q_1, Q_{10}]$	$\frac{1}{2}R_1^{\sqcup\!\sqcup\, 2}0$	=	$1^2 0$
$1^3 0$	$(1, 1^2 0)$	$[Q_1, Q_{1^2 0}]$	$\frac{1}{3!}R_1^{\sqcup\!\sqcup\, 3}0$	=	$1^3 0$
$1^4 0$	$(1, 1^3 0)$	$[Q_1, Q_{1^3 0}]$	$\frac{1}{4!}R_1^{\sqcup\!\sqcup\, 4}0$	=	$1^4 0$
1	1	1	R_1	=	1

2.3.4   Algèbre de Hopf de décomposition

Pour tous mots $u, v, w \in X^*$, on note Γ_2 l'application définie comme suit :

$$\langle \Gamma_2 w | u \otimes v \rangle = \langle w | u \unlhd v \rangle \tag{2.62}$$

que l'on étend par linéarité sur $\mathbb{C}\langle X \rangle$:

$$\Gamma_2 : \mathbb{C}\langle X \rangle \;\; \longmapsto \;\; \mathbb{C}\langle X \rangle \otimes \mathbb{C}\langle X \rangle. \tag{2.63}$$

Puis par continuité, il est prolongé sur $\mathbb{C}\langle X \rangle$ et à valeurs dans le complété $\mathbb{C}\langle X \rangle \hat{\otimes} \mathbb{C}\langle X \rangle$, sur $\mathbb{C}$, du produit tensoriel $\mathbb{C}\langle X \rangle \otimes \mathbb{C}\langle X \rangle$, pour la topologie définie par le degré (voir section 2.4) :

$$\Gamma_2 : \mathbb{C}\langle X \rangle \;\; \longmapsto \;\; \mathbb{C}\langle X \rangle \hat{\otimes} \mathbb{C}\langle X \rangle \tag{2.64}$$

comme suit :

$$\langle \Gamma_2 S | u \otimes v \rangle = \sum_{w \in X*} \langle S | w \rangle \Gamma_2 w = \langle S | u \unlhd v \rangle. \tag{2.65}$$

En particulier, pour toute lettre $x \in X$, on a :

$$\Gamma_2 x = 1 \otimes x + x \otimes 1. \tag{2.66}$$

On vérifie alors que Γ_2 est un morphisme pour l'algèbre associative :

$$\forall u, v \in X^*, \quad \Gamma_2(uv) = \Gamma_2(u)\Gamma_2(v). \tag{2.67}$$

Et que c'est un coproduit coassociative admettant une coünité e :

$$\begin{aligned} e : \mathbb{C}\langle X \rangle &\longrightarrow \mathbb{C}\langle X \rangle, \\ P &\longmapsto e(P) = \langle P | \epsilon \rangle. \end{aligned} \tag{2.68}$$

Muni du produit de Cauchy, du coproduit Γ_2 et l'antipode a (voir section 2.2.2), $\mathbb{C}\langle X \rangle$ a une structure d'*algèbre de Hopf de décomposition* :

$$(\mathbb{C}\langle X \rangle, ., 1, \Gamma_2, e, a).$$

2.3.5   Algèbre de Hopf de factorisation

On définit le coproduit Φ par dualité du produit de Cauchy en posant :

$$\forall u, v \in X^*, \quad \langle \Phi w | u \otimes v \rangle = \langle uv | w \rangle. \tag{2.69}$$

En d'autres termes :

$$\Phi w = \sum_{u,v \in X^*, uv=w} u \otimes v. \tag{2.70}$$

On vérifie alors que Φ est un morphisme pour l'algèbre de mélange :

$$\forall u, v \in X^*, \quad \Phi(u \sqcup v) = \Phi(u) \sqcup \Phi(v). \tag{2.71}$$

Muni du produit de mélange, du coproduit Φ, la coünité e (voir (2.68)) et l'antipode a, $\mathbb{C}\langle X\rangle$ a une structure d'*algèbre de Hopf de factorisation* :

$$(\mathbb{C}\langle X\rangle, \sqcup, 1, \Phi, e, a).$$

2.4 Topologie ultramétrique sur $\mathbb{C}\langle\langle X\rangle\rangle$ et sur $\mathcal{L}ie\langle\langle X\rangle\rangle$

On définit une distance ultramétrique sur $\mathbb{C}\langle\langle X\rangle\rangle$ en posant, pour toutes séries formelles S et T de $\mathbb{C}\langle\langle X\rangle\rangle$:

$$d(S,T) = 2^{-\omega(S-T)}. \tag{2.72}$$

On définit un système fondamental de voisinages de zéro $\{\mathcal{O}_k\}_{k\geq 0}$ dans $\mathbb{C}\langle\langle X\rangle\rangle$ en posant :

$$\forall k \geq 0, \quad \mathcal{O}_k = \{S \in \mathbb{C}\langle\langle X\rangle\rangle| \quad \omega S \geq k\}. \tag{2.73}$$

On a alors :

$$\forall k \geq 0, \quad \mathcal{O}_k = \{S \in \mathbb{C}\langle\langle X\rangle\rangle| \quad \text{supp}\, S \subset X^k X^*\}. \tag{2.74}$$

Par conséquent :

$$\bigcap_{k\geq 0} \mathcal{O}_k = \{0\}. \tag{2.75}$$

La topologie discrète de $\mathcal{L}ie\langle\langle X\rangle\rangle$ est la topologie induite par la topologie discrète de $\mathbb{C}\langle\langle X\rangle\rangle$. On a donc dans $\mathcal{L}ie\langle\langle X\rangle\rangle$ le système fondamental de voisinages de zéro :

$$\forall k \geq 0, \quad \mathcal{O}_k^L = \mathcal{O}_k \bigcap \mathcal{L}ie\langle\langle X\rangle\rangle. \tag{2.76}$$

$\mathbb{C}\langle\langle X\rangle\rangle$ (resp. $\mathcal{L}ie\langle\langle X\rangle\rangle$) est *le complété séparé* de $\mathbb{C}\langle X\rangle$ (resp. $\mathcal{L}ie\langle X\rangle$) pour ce système de voisinages $\{\mathcal{O}_k\}_{k\geq 0}$ (resp. $\{\mathcal{O}_k^L\}_{k\geq 0}$).

Soit $(S_k)_{k\geq 0}$ une suite convergente de séries formelles de $\mathbb{C}\langle\langle X\rangle\rangle$. La *limite* dans $\mathbb{C}\langle\langle X\rangle\rangle$ de cette suite peut être calculée coefficient par coefficient. Plus précisément :

$$S = \lim_{k\to\infty} S_k \iff \forall w \in X^*, \quad \langle S|w\rangle = \lim_{k\to\infty} \langle S_k|w\rangle. \tag{2.77}$$

Donc la suite $(S_k)_{k\geq 0}$ converge si et seulement si, pour tout mot w de X^*, la suite $(\langle S_k|w\rangle)_{k\geq 0}$ est stationnaire.

2.5   Exponentielle de Lie

Soit S une série formelle propre de $\mathbb{C}\langle\langle X\rangle\rangle$. *L'exponentielle* de S est la série

$$\exp S = \sum_{k\geq 0} \frac{S^k}{k!}. \tag{2.78}$$

Cette somme a un sens puisque S est propre, et que l'on a donc $\omega(S^k) \geq k$. Soit S une série formelle de $\mathbb{C}\langle\langle X\rangle\rangle$ ($S = 1 + T$ avec T une série formelle propre de $\mathbb{C}\langle\langle X\rangle\rangle$). Le *logarithme* de S est la série formelle

$$\log S = \sum_{k\geq 1} \frac{(-1)^{k+1}}{k}(S-1)^k = \sum_{k\geq 1} \frac{(-1)^{k+1}}{k}T^k. \tag{2.79}$$

En fait, les deux fonctions "exp" et "log" sont l'inverses de l'autre. On peut vérifier aisément que les fonctions "exp" et "log" ainsi définies sont continues.

On appelle *exponentielle de Lie* toute série qui est l'exponentielle d'une série de Lie (voir section 2.3.2). Une série formelle S est dite *primitive* si et seulement si

$$\Gamma_2(S) = 1 \otimes S + S \otimes 1. \tag{2.80}$$

Une série formelle T est "*group-like*" si et seulement si

$$\Gamma_2(T) = T \otimes T. \tag{2.81}$$

Théorème 2.5.1 (Ree, [118, 119]). *Pour une série formelle S, les propriétés suivantes sont équivalentes :*

1. *S est un élément primitif.*

2. *S est une série de Lie.*

3. *$T = \exp S$ est "group-like".*

4. *$T = \exp S$ vérifie le critère de Friedrichs (i.e. $\langle T|u \amalg v\rangle = \langle T|u\rangle\langle T|v\rangle$).*

Une série formelle est "group-like" si et seulement si c'est l'exponentielle d'une série de Lie. Le coproduit Γ_2 permet de caractériser les éléments de Lie.

Théorème 2.5.2 (Schützenberger, [119]). *Toute exponentielle de Lie S est égale au produit infini :*

$$\begin{aligned}
S &= \sum_{w\in X^*} \langle S|w\rangle w \\
&= \prod_{l\in S} \exp[\langle S|R_l\rangle Q_l], \quad \text{(lexicographique inverse croissant)}.
\end{aligned}$$

On remarque que cette somme est bien définie, car le calcul du coefficient d'un mot w dans ce produit ne fait intervenir qu'un nombre fini de facteurs.

2.6 Séries rationnelles et représentations linéaires

L'*étoile* d'une série propre S est la somme infinie

$$S^* = \sum_{n \geq 0} S^n. \tag{2.82}$$

Elle est l'unique solution de chacune des équations (en l'inconnu A) :

$$
\begin{align}
A &= 1 + AS \tag{2.83} \\
A &= 1 + SA. \tag{2.84}
\end{align}
$$

Les *opérations rationnelles* dans $\mathbb{C}\langle\langle X \rangle\rangle$ sont la somme, le produit de Cauchy, le produit externe de $\mathbb{C}$ sur $\mathbb{C}\langle\langle X \rangle\rangle$ et l'opération étoile.

Une série formelle S est dite *rationnelle* si elle appartient à la *clôture rationnelle* de $\mathbb{C}\langle X \rangle$ par rapport aux opérations rationnelles. D'après un théorème de Schützenberger (voir [10, 84]), S est rationnelle si et seulement si il existe un entier $n \geq 1$, un morphisme de monoïdes μ de X^* dans $\mathcal{M}_{n,n}(\mathbb{C})$ et deux matrices $\lambda \in \mathcal{M}_{1,n}(\mathbb{C})$ et $\gamma \in \mathcal{M}_{n,1}(\mathbb{C})$ telles que

$$S = \sum_{w \in X^*} [\lambda \mu(w) \eta] w = \lambda \left[\sum_{w \in X^*} \mu(w) w \right] \eta. \tag{2.85}$$

Le triplet (λ, μ, η) est appelé la *représentation linéaire* de S et n est sa dimension [10, 84]. D'après un théorème de Schützenberger (voir [10, 84]), toute série rationnelle S admet une représentation linéaire de dimension minimale, unique à isomorphisme près, appelée *représentation minimale* de S. Nous utiliserons également le morphisme de monoïdes ρ de X^* dans $\mathcal{M}_{n,n}(\mathbb{C})\langle\langle X \rangle\rangle$ défini par

$$\forall x \in X, \quad \rho(x) = \mu(x)x. \tag{2.86}$$

D'après la section 2.2.1, nous avons :

$$
\begin{align}
\rho(X^*) &= \sum_{w \in X^*} \mu(w) w \tag{2.87} \\
&= \sum_{k \geq 0} \sum_{w \in X^k} \mu(w) w \tag{2.88} \\
&= \sum_{k \geq 0} \sum_{w \in (x_0^* X_0)^k x_0^*} \mu(w) w \tag{2.89} \\
&= \prod_{l \in \mathcal{S}} \exp[\mu(Q_l) R_l], \quad \text{(lexicographique inverse croissant)}. \tag{2.90}
\end{align}
$$

Soit (λ, μ, η) la représentation minimale de S sur X. Soit $\mathcal{L}$ l'algèbre de Lie engendrée par les matrices $\{\mu(x)\}_{x \in X}$. La *suite centrale descendante*, $\{\mathcal{L}^k\}_{k \geq 1}$, et la *suite dérivée*, $\{\mathcal{L}^{(k)}\}_{k \geq 1}$, de $\mathcal{L}$ sont définies récursivement comme suit :

$$\mathcal{L}^1 = \mathcal{L}, \quad \mathcal{L}^{n+1} = [\mathcal{L}, \mathcal{L}^n] \tag{2.91}$$

et

$$\mathcal{L}^{(1)} = \mathcal{L}, \quad \mathcal{L}^{(n+1)} = \left[\mathcal{L}^{(n)}, \mathcal{L}^{(n)}\right]. \tag{2.92}$$

L'algèbre de Lie $\mathcal{L}$ est *nilpotente* (resp. *résoluble*) à l'ordre h si et seulement si $\mathcal{L}^{h+1} = \{0\}$ (resp. $\mathcal{L}^{(h+1)} = \{0\}$). Dans ce cas, S est aussi dite *nilpotente* (resp. *résoluble*) à l'ordre h.

Chapitre 3

Calcul symbolique non commutatif

Le plus court chemin entre deux vérités dans le domaine réel
passe par le domaine complexe.
Jacques Hadamard

3.1 Introduction

Aux chapitres précédents, nous avons dit que l'algèbre des séries formelles est un outil privilégié pour l'étude syntaxique des algèbres d'opérateurs. Cette algèbre se revêle aussi être un outil particulièrement bien adapté aux implantations de calculs effectifs en calcul formel. Dans ce chapitre, nous examinons, en particulier, l'*algèbre des opérateurs d'intégration*.

L'organisation de ce chapitre est la suivante :

- Section 3.2 : nous rappelons les idées fondamentales du *calcul symbolique de Heaviside* et ses justifications par les *transformations de Laplace*. Nous nous intéressons à leur généralisation dans le domaine complexe, en particulier, à la *convolution des singularités* dans l'approche de la *résurgence* d'Ecalle [40, 41, 42] de Pham et *al* [26].
- Section 3.3 : nous retraçons les techniques symboliques de Fliess, Lamnabhi et Lamnabhi-Lagarrigue [96, 99, 53].
  Ces calculs symboliques (de Heaviside et de Fliess) constitueront un modèle pour notre *calcul symbolique non commutatif* dont nous montrerons les similitudes pour mieux distinguer les approches.
- Section 3.4 : la transformation exponentielle (*i.e.* une des nombreuses transformations de Laplace) est étendue au cas de plusieurs indéterminées non commutatives. En général, la *transformation d'évaluation* que nous obtenons réalise un morphisme de l'algèbre de mélange dans une structure multiplicative dans laquelle il existe également une convolution (non commutative) [67, 72, 69]. Nous explicitons un cas où cette transformation réalise un *isomorphisme d'algèbre de mélange* dans une algèbre de "fonctions spéciales"

(algèbre des polylogarithmes, voir section 4.3) [79, 80].

– Section 3.5 : nous rappelons les propriétés fondamentales des *intégrales itérées* et des *séries de Chen* mises sous forme graduée [72] ou sous forme factorisée [76]. Nous nous intéressons, en particulier, aux transformations $z \mapsto 1/z$ et $z \mapsto 1 - 1/z$ qui engendrent le groupe du birapport [69]. Cette étude nous permet d'implanter les *algorithmes* pour établir les *équations fonctionnelles* en les polylogarithmes [79, 80, 81] via les *exponentielles de Lie* et la *formule Baker-Campbell-Hausdorff* au chapitre 4.

3.2 Rappel sur le calcul opérationnel

3.2.1 Calcul symbolique commutatif de Heaviside

En 1893, l'ingénieur électricien Heaviside a introduit un *calcul symbolique* qui lui permet de résoudre les équations différentielles ordinaires, notamment celles qui ont des coefficients constants, issues de la théorie des circuits électriques. Il a introduit un calcul symbolique de *convolution* : à toute fonction f de t, il associe le symbole F qui est une fonction de p ; à la convolution $f * g$ il associe le produit FG, où G est le symbole de la fonction g de t.

Rappelons que le produit de convolution $f * g$, est défini par l'intégrale suivant[1] :

$$(f * g)(t) = \int_0^t f(t - s)g(s)ds, \quad \text{pour } t > 0. \tag{3.1}$$

Ce produit de convolution est associatif et commutatif. Heaviside a introduit un élément neutre pour ce produit : pour cela il introduit *l'échelon unité* qu'on appelle aujourd'hui la fonction Heaviside, notée $Y(t)$, fonction d'une variable réelle valant 0 pour $t < 0$ et +1 pour $t \geq 0$, et le symbole associé est $1/p$. L'échelon unité $Y(t)$ représente une charge d'électricité $q(t)$ placée exatement en $t = 0$. Heaviside a introduit également la dérivée de cette fonction pour représenter l'*impulsion unité* $i(t) = dq(t)/dt$, c'est-à-dire la "fonction" nulle partout sauf à l'origine où elle vaut infinie et l'intégrale de cette dérivée, sur un intervalle très petit $[-1, +1]$ vaut un[2] :

$$\int_{-1}^{+1} Y'(t)dt = Y(+1) - Y(-1) = 1. \tag{3.2}$$

L'impulsion de Dirac est l'élément neutre pour le produit de convolution :

$$\delta * f = f. \tag{3.3}$$

---

1. Le produit de convolution est aussi appelé *produit de composition* dans l'étude des équations intégrales Volterra-Freedholm, voir par exemple

http://www-groups.dcs.st-and.ac.uk/history/Mathematicians/Volterra.html

2. Cette impulsion est appellée aujourd'hui *l'impulsion de Dirac*, notée δ, est introduite par Dirac en 1926 en physique quantique.

Le symbole associé à δ est 1, l'élément neutre pour le produit ordinaire des symboles en p. Aussi bien pour Heaviside que Dirac, leur calcul nécessite l'introduction des dérivées successives d'ordre n de δ, c'est-à-dire $\delta^{(n)}$ et le symbole associé est p^n :

$$1 \longmapsto \delta, \tag{3.4}$$
$$p^n \longmapsto \delta^{(n)}. \tag{3.5}$$

La convolution de f (resp. de $\delta^{(m)}$) avec $\delta^{(n)}$ est la dérivée d'ordre n de f (resp. de $\delta^{(m)}$) :

$$\delta^{(n)} * f = f^{(n)}, \qquad (\text{resp. } \delta^{(n)} * \delta^{(m)} = \delta^{(n+n)}). \tag{3.6}$$

Exemple 3.2.1. *Soit g une fonction. Considérons l'équation différentielle suivante en f :*

$$f^{(2)}(t) - f(t) = g(t).$$

Heaviside aurait écrit

$$[\delta^{(2)} - Y(t)] * f(t) = g(t)$$

et l'associerait à l'équation symbolique

$$(p^2 - 1)F(p) = G(p).$$

De cette équation, on peut tirer (dans une algèbre unitaire et intègre, toute fraction rationnelle peut se décomposer en éléments simples) :

$$F(p) = \frac{G(p)}{p^2 - 1} = \frac{G(p)}{2}\left[\frac{1}{p-1} - \frac{1}{p+1}\right]$$

et en déduire que

$$f(t) = g(t) * (e^t - e^{-t}) = \int_0^t g(t-s)(e^s - e^{-s})ds.$$

3.2.2 Méthodes opérationnelles

Aujourd'hui, 'impulsion de Dirac fait partie intégrante des *distributions* de Schwartz[3] [125] et le calcul symbolique (commutatif) de Heaviside fait partie intégrante des *méthodes opérationnelles*. Ces méthodes cherchent à résoudre des équations différentielles ordinaires ou aux dérivées partielles en assimilant les symboles de dérivation d/dt et $\partial/\partial t$ par rapport à une variable t à des quantités algébriques. Ces méthodes ont été étudiées puis appliquées en électrotechnique [28], en physique mathématique [25], en théorie analytique des nombres

---

3. Voir par exemple
http://www-groups.dcs.st-and.ac.uk/history/Mathematicians/Scwhartz.html

[128, 129, 130], ... Elles se rattachent aujourd'hui aux *transformations intégrales*, en particulier à la *transformation de Laplace* de paramètre p :

$$\mathcal{L}_p\{f(t)\} = \int_C e^{-pt} f(t) dt. \tag{3.7}$$

On écrit alors, py et $p^n y$ au lieu de dy/dt et $d^n y/dt^n$ respectivement et on est ramené à exprimer la fonction inconnue y, en t, sous la forme :

$$y(t) = \varphi(p)f(t). \tag{3.8}$$

La détermination de y s'effectue suivant les puissances négatives de p du développement de l'opérateur $\varphi(p)$:

$$p^{-1}f(t) = \int_0^t f(u)du, \tag{3.9}$$

$$p^{-n}f(t) = \int_0^t \int_0^{t_1} \cdots \int_0^{t_{n-1}} f(t_n)dt_1 dt_2 \ldots dt_n$$

$$= \int_0^t \frac{(t-u)^{n-1}}{(n-1)!} f(u)du. \tag{3.10}$$

Ces puissances de l'opérateur p obéissent évidemment aux lois algébriques ordinaires relatives aux exposants :

$$p^n p^m = p^{n+m}, \qquad (p^n)^m = p^{nm} \tag{3.11}$$

et

$$p^{-1}pf(t) = f(t), \qquad pp^{-1}f(t) = f(t) - f(0). \tag{3.12}$$

Ainsi, pour une équation différentielle ou pour une équation aux dérivées partielles à coefficients constants avec second membre, la résolution peut être formulée dans l'algèbre de convolution : on cherche une distribution y vérifiant l'équation de convolution suivante, où g et f sont des distributions :

$$g * y = f \tag{3.13}$$

et la solution (lorsqu'elle existe) est donnée par la convolution

$$y = g^{-1} * f, \tag{3.14}$$

où g^{-1} est obtenue comme une solution élémentaire de l'équation de convolution

$$g * g^{-1} = \delta. \tag{3.15}$$

C'est-à-dire, par la transformation de Laplace (puis par la transformation de Laplace inverse), on a

$$g^{-1} = \mathcal{L}_p^{-1}\left\{ \frac{\mathcal{L}_p\{f\}}{\mathcal{L}_p\{g\}} \right\}. \tag{3.16}$$

3.2.3 Transformations de Laplace et convolution des singularités

Initialement, la transformation de Laplace prend comme argument les fonctions de support réel borné et à valeurs dans le plan complexe. Des cas particuliers importants de la transformation de Laplace sont des cas où le contour C est le demi-axe réel positif ou l'axe réel. Par exemple :

1. La transformation de Laplace bilatérale :

$$\mathcal{L}_p[f(t)] = \int_{-\infty}^{\infty} e^{-pt} f(t) dt. \tag{3.17}$$

Des cas particuliers de cette transformation sont par exemple :

   (a) La transformation de Mellin :

$$\mathcal{M}_s[f(t)] = \mathcal{L}_s[f(e^{-t})] = \int_0^{\infty} f(t) \frac{dt}{t^{1-s}}. \tag{3.18}$$

Elle est développée par Mellin et est appliquée à l'étude des fonctions spéciales (fonction gamma, fonctions hypergéométriques, fonction zêta) et les séries Dirichlet en théorie analytique des nombres et à la résolution des équations aux dérivées partielles. L'inverse de cette transformation est également utilisée par son auteur pour effectuer des développements asymptotiques au voisinage des singularités.

   (b) La transformation de Fourier :

$$\mathcal{F}_\omega[f(t)] = \mathcal{L}_{i\omega}[f(t)] = \int_{-\infty}^{\infty} e^{-i\omega t} f(t) dt. \tag{3.19}$$

Elle est développée par Fourier et est appliquée à la résolution de l'équation de la propagation de la chaleur dans un solide en utilisant un développement infini en les fonctions trigonométriques (séries de Fourier).

2. La transformation de Laplace unilatérale :

$$\Phi(p) = \int_0^{\infty} e^{-pt} f(t) dt \tag{3.20}$$

a retenu beaucoup d'attention dans la théorie des fonctions résurgentes [26, 40, 41, 42], des séries divergentes et des développements asymptotiques [106, 116]. Elle diffère de la transformation de Laplace-Borel suivante par un facteur p :

$$\phi(p) = p \int_0^{\infty} e^{-pt} f(t) dt. \tag{3.21}$$

L'avantage de $\phi(p)$ par rapport à $\Phi(p)$ est que dans $\phi(p)$, on peut imposer moins de contraintes (dérivabilité par exemple) pour f que dans $\Phi(p)$. Lorsque f est dérivable pour $t \geq 0$ et $f(0) = 0$, la transformée de Laplace-Borel peut être aussi représentée par une intégrale de Stieljes :

$$\phi(p) = \int_0^\infty e^{-pt} df(t).\tag{3.22}$$

Ainsi, on a d'une part, pour l'échelon d'unité $Y(t)$:

$$p^{-n} Y(t) = \frac{t^n}{n!} \quad \text{et} \quad p \int_0^\infty e^{-pt} \frac{dt^n}{n!} = p^{-n}.\tag{3.23}$$

En d'autres termes, cette transformation est la *transformation exponentielle* bien connue en combinatoire qui à toute *série génératrice ordinaire*, d'une suite de nombres $\{a_n\}_{n\geq 1}$, associe une *série génératrice exponentielle* :

$$p^{-n} \quad \longmapsto \quad \frac{t^n}{n!},\tag{3.24}$$

$$(1-p)^{-1} \quad \longmapsto \quad e^t,\tag{3.25}$$

$$\sum_{n\geq 1} a_n p^{-n} \quad \longmapsto \quad \sum_{n\geq 1} a_n \frac{t^n}{n!}.\tag{3.26}$$

Nous généraliserons cette transformation exponentielle, à la section 3.4, en introduisant les $m+1$ symboles non commutatifs $\{p_0^{-1}, \ldots, p_m^{-1}\}$, *ou* $\{x_0, \ldots, x_m\}$.

Une généralisation des transformations de Laplace aux fonctions à variable complexe a été faite par Ecalle pour traiter les équations différentielles non linéaires avec singularités fondant la *théorie des fonctions résurgentes* [40, 41, 42]. Dans cette théorie, la *convolution des singularités* prend une place centrale et les singularités sont prises dans un ensemble discret formant un *réseau* pour construire une *algèbre de fonctions résurgentes* qui est stable par convolution [26, 40]. Et le produit de convolution peut prendre, par exemple, la forme suivante [26] :

$$(f \star g)(z) = \int_\gamma f(z-s) g(s) ds,\tag{3.27}$$

où f et g sont deux *fonctions analytiques prolongeables infiniment* et γ est un certain chemin pris dans un domaine étoilé.

Exemple 3.2.2. *[26] Soit* $f(z) = 1/(z-a)$ *et* $g(z) = 1/(z-b)$, *où a et b sont dans* $\mathbb{C}_*$. *Alors :*

$$(f \star g)(z) = \frac{1}{z-(a+b)} \left(\int_0^z \frac{1}{s-a} + \int_0^z \frac{1}{s-b} \right) ds.$$

Cette fonction possède des singularités logarithmiques en a et b. Lorsque a et b ne sont pas sur une même demi-droite issue de 0, il n'y a pas de pôle en $a + b$, la somme des deux intégrants étant nulle en $a + b$. Dans le cas contraire, le résidu en $a + b$ dépend du choix du prolongement analytique par la gauche ou par la droite de la coupure.

Avec ce produit, la transformation de Laplace réalise ainsi un isomorphisme d'algèbre de convolution :

$$\mathcal{L}_p\{f * g\} = \mathcal{L}_p\{f\}\mathcal{L}_p\{g\}, \tag{3.28}$$

$$\mathcal{L}_p\{f + g\} = \mathcal{L}_p\{f\} + \mathcal{L}_p\{g\}, \tag{3.29}$$

$$\mathcal{L}_p\{\lambda f\} = \lambda\mathcal{L}_p\{f\}, \qquad \lambda \in \mathbb{C}, \tag{3.30}$$

$$\mathcal{L}_p\{\delta\} = 1. \tag{3.31}$$

Comme conséquences de ce théorème de structure, ce sont :
- l'étude des fonctions résurgentes dans le *modèle convolutif* est équivalente à celle dans le *modèle multiplicatif*,
- les distributions $\{\delta, \ldots, \delta^{(n)}, \ldots\}$ réalisent une base de cette algèbre en tant qu'espace vectoriel de dimension infinie, comme l'image de la base $\{1, p \ldots, p^n, \ldots\}$.

3.3 Rappel sur le calcul symbolique de Fliess

Une fois la justification du calcul symbolique commutatif de Heaviside [4] par les transformations de Laplace est faite, ce calcul s'est montré efficace pour la résolution des équations différentielles linéaires ou des systèmes d'équations différentielles linéaires à coefficients constants. Il donne lieu à plusieurs applications en électrotechnique [28], en physique mathématique [25], en théorie analytique des nombres [128, 129, 130], ... Plusieurs tentatives heuristiques en physique ont été faites pour introduire ce calcul dans le cadre des équations différentielles non linéaires. C'est Fliess qui a donné une justification théorique pour ces méthodes en introduisant les séries formelles en variables non commutatives en *théorie de la commande* pour résoudre des problèmes relatifs aux développements fonctionnels de la sortie des systèmes dynamiques. Cette approche donne aussi une nouvelle méthode pour calculer itérativement une solution approchée des équations différentielles non linéaires en régime forcé de la forme :

$$y^{(n)}(t) + a_1 y^{(n-1)}(t) + \ldots + a_n y(t) + \sum_{i=2}^{m} b_i y^i(t) = u(t), \tag{3.32}$$

---

4. Le calcul symbolique de Heaviside est enseigné dans les cycles d'ingénieur. Il fait parti des mathématiques pour ingégnieur en Electronique-Electrotechnique-Automatique (E.E.A.). Notons également que les applications de l'automatique, plus précisément de la théorie du contrôle, concernent aussi les techniques de modélisation/simmulation en biomathématique et en économie mathématique.

où $u(t)$ est l'entrée, $y(t)$ est la sortie, les $a_1, \ldots, a_n$ et les $b_2, \ldots, b_m$ sont des *constantes* et les conditions initiales sont supposées nulles pour simplifier l'écriture.

3.3.1   Codage de Fliess

La méthode proposée par Fliess consiste en une transformation de ces équations (3.32) en des équations intégrales de la forme :

$$y(t) + a_1 \int_0^t y(\tau)d\tau + \ldots + a_n \int_0^t \ldots \int_0^{\tau_n} y(\tau_n)d\tau_{n-1} \ldots d\tau_1$$
$$= \int_0^t \ldots \int_0^{\tau_n} u(\tau_n)d\tau_{n-1} \ldots d\tau_1 - \sum_{i=2}^m b_i \int_0^t \ldots \int_0^{\tau_n} y^i(\tau_n)d\tau_{n-1} \ldots d\tau_1. \qquad (3.33)$$

Elles sont codées par l'équation suivante (aux notations près) :

$$S + \sum_{i=1}^n a_i S x_0^i \;=\; \left[G - \sum_{i=2}^m b_i S^{\sqcup\!\sqcup\, i} \right] x_0^n \qquad (3.34)$$

$$\Longleftrightarrow \qquad S \;=\; \left[G - \sum_{i=2}^m b_i S^{\sqcup\!\sqcup\, i} \right] x_0^n \left[1 + \sum_{i=1}^n a_i S x_0^i \right]^{-1}. \qquad (3.35)$$

Notons que si $b_2 = \ldots = b_d = 0$ on retrouve, à un changement de variable près ($x_0 = 1/p = s$), la fonction de transfert classique $(1 + a_1 s + \ldots + a_n s^n)^{-1}$. Pour résoudre une telle équation, Fliess et al. ont proposé le schéma itératif suivant pour les $\{S_k\}_{k\geq 1}$ dont la somme $S_1 + \ldots + S_k$ donne la série approximant F_k à l'ordre k de l'équation précédente [53] :

$$S_1 \;=\; G \left[\sum_{i=1}^n a_i S x_0^i \right]^{-1} \qquad (3.36)$$

$$S_k \;=\; \left[-\sum_{i=2}^m b_i \sum_{\substack{k_1, \ldots, k_i \\ k_1 + \ldots + k_i = k}} S_{k_1} \sqcup\!\sqcup \ldots \sqcup\!\sqcup S_{k_i} \right] x_0^n \left[1 + \sum_{i=1}^n a_i S x_0^i \right]^{-1}. \qquad (3.37)$$

Exemple 3.3.1. *Soit S une série vérifiant l'équation polynomiale suivante :*

$$S = x_1 + (S \sqcup\!\sqcup S)x_0.$$

Alors le schéma précédent donne :

$$S_2 = (S_1 \sqcup\!\sqcup S_1)x_0 = 2x_1^2 x_0,$$
$$S_3 = (S_1 \sqcup\!\sqcup S_2)x_0 = 6x_1^3 x_0^2 + 2x_1^2 x_0 x_1 x_0,$$
$$S_4 = (S_1 \sqcup\!\sqcup S_3 + S_2 \sqcup\!\sqcup S_2)x_0 = 36x_1^3 x_0 x_1 x_0^2 + 6x_1^3 x_0^2 x_1 x_0 + 72x_1^4 x_0^3$$
$$+ 12x_1^2 x_0 x_1^2 x_0^2 + 2x_1^2 x_0 x_1 x_0 x_1 x_0,$$

$$\vdots$$

Par conséquent, les approximants correspondants sont :

$$
\begin{aligned}
F_1 = S_1 &= x_1, \\
F_2 = S_2 + S_1 &= 2x_1^2 x_0 + x_1, \\
F_3 = S_3 + S_2 + S_1 &= 6x_1^3 x_0^2 + 2x_1^2 x_0 x_1 x_0 + 2x_1^2 x_0 + x_1, \\
F_4 = S_4 + S_3 + S_2 + S_1 &= 6x_1^3 x_0 x_1 x_0^2 + 6x_1^3 x_0^2 x_1 x_0 + 72x_1^4 x_0^3 \\
&\quad + 12x_1^2 x_0 x_1^2 x_0^2 + 2x_1^2 x_0 x_1 x_0 x_1 x_0 \\
&\quad + 6x_1^3 x_0^2 + 2x_1^2 x_0 x_1 x_0 + 2x_1^2 x_0 + x_1, \\
&\vdots
\end{aligned}
$$

Lamnabhi [99] et Lamnabhi-Lagarrigue [96] ont développé et approfondi ce schéma. Ils l'ont appliqué à l'analyse du comportement entrée/sortie des circuits électroniques non linéaires. Ces circuits peuvent comporter, en plus des éléments linéaires usuels, d'autres non linéaires tels que des résistances, des capacités, des inductances ou encore des sources de tension liées. Ils ont montré sur les exemples pratiques comment peut s'effectuer systématiquement l'analyse transitoire ou permanente lorsque les entrées typiques (harmoniques, Dirac, échelons,...) sont introduites ou encore comment déduire des propriétés statistiques en présence d'une entrée aléatoire. Dans le cas de l'analyse transitoire, la méthode proposée est une alternative aux techniques d'association de variables de George [58]. Ces études sont la base du projet FANEC - Functional Analysis of Nonlinear Eletronic Circuits. Il est à noter aussi que ces méthodes conduisent naturellement à des combinaisons linéaires des fractions rationnelles non commutatives de la forme :

$$
(c_0 x_0)^{*p_0} x_{i_1} (c_1 x_0)^{*p_1} x_{i_2} (c_2 x_0)^{*p_2} \ldots x_{i_{k-1}} (c_{k-1} x_0)^{*p_{k-1}} x_{i_k} (c_k x_0)^{*p_k}, \tag{3.38}
$$

où les $p_0, \ldots, p_k$ sont des entiers positifs, les $c_0, \ldots, c_k$ sont des nombres complexes et les $x_{i_0}, \ldots, x_{i_k}$ sont des lettres de l'alphabet de codage X. On peut aussi les obtenir par les méthodes de Hespel et Jacob en utilisant les automates (les approximations bilinéaires [64]). Leroux et Viennot ont donné une interprétation purement combinatoire en utilisant des arbres croissants et des chemins de Motzkin [97, 98].

Mais les approximations bilinéaires posent d'autres types de problème :

- la détermination des expressions rationnelles "agréables" pour pouvoir exprimer la sortie (nous examinerons ce problème à la section 5.2, [77]),
- l'étude de la "sémantique des erreurs" lors de l'approximation bilinéaire nécessite l'étude de la nature de la sortie en fonction de celle de l'entrée [13, 14, 15] :

polynomiales exponentielles $\longmapsto$ polynomiales exponentielles,

ou encore [69, 77] :

rationnelles $\longmapsto$ fonctions spéciales.

Elle demande aussi l'introduction d'une base d'une algèbre de solutions (nous construirons une base de fonctions correspondant aux entrées rationnelles pour aborder ce problème à la section 4.2).

3.3.2   Calcul de sortie

Le calcul de la sortie peut être mené en restant dans le cadre des transformées de Laplace : on code chaque entrée par sa transformée de Laplace, et *on calcule la transformée de Laplace de la sortie*. Comme l'ont montré Fliess et al. [53, 96, 99] la sortie de tels systèmes peut être calculée par le procédé suivant : calculer la transformée de Laplace g_{a_x} de l'entrée a_x, puis, en "lisant" une série génératrice (de la forme (3.38)) de gauche à droite, remplacer chaque lettre $x \neq x_0$ par l'*opérateur composite* $[\,.\,\amalg\, g_{a_x}]x_0$. Ainsi, ils obtiennent la transformée de Laplace du signal de sortie qui est une série sur une *seule* lettre x_0. En utilisant la transformation de Laplace inverse ils trouvent le comportement temporel associé à cette série. Ce procédé a été effectivement implanté par ses auteurs en LISP dans [53, 96, 99]. Cette technique appelle les remarques suivantes :

– elle est coûteuse en temps machine car elle utilise l'opérateur composite,
– elle fait perdre tout le caractère du paramétrage par les entrées, que les auteurs supposent développables en séries entières $\sum_{n\geq 0} c_n t^n/n!$ (dont la transformée de Laplace sera une série en $x_0 : \sum_{n\geq 0} c_n x_0^n$),
– les séries génératrices ainsi obtenues sont des séries sur une seule lettre x_0 et elles sont de la forme :

$$(c_0 x_0)^{*p_0} x_0 (c_1 x_0)^{*p_1} x_0 (c_2 x_0)^{*p_2} \ldots x_0 (c_{k-1} x_0)^{*p_{k-1}} x_0 (c_k x_0)^{*p_k}, \qquad (3.39)$$

où les $p_0, \ldots, p_k$ sont des entiers positifs, les $c_0, \ldots, c_k$ sont des nombres complexes.
– certaines entrées n'admettent pas une transformée de Laplace, par exemple l'entrée $1/t$ qui n'est pas développable en série entière.

Nous avons proposé dans [66], un procédé plus systématique pour calculer entièrement le comportement temporel associé à une série génératrice en évitant le calcul terme à terme quand cela est possible. En particulier, pour calculer le comportement temporel par programmes écrits en MACSYMA ou en Axiom, nous avons privilégié la classe des séries qui sont des combinaisons linéaires de fractions rationnelles non commutatives de la forme (3.38) et avec les entrées polynomiales exponentielles. Dans le cas où les lettres $x_{j_0}, \ldots, x_{j_k}$ sont égales à x_0, nous retrouvons ainsi des combinaisons linéaires des approximants du type (3.39) traités par la technique de Fliess et al. [53, 96, 99].

3.4   Transformation d'évaluation

Dans cette partie, nous étendons la transformation exponentielle (transformation Laplace-Borel) au cas de plusieurs indéterminées non commutatives. Nous systématisons le cacul symbolique de Fliess pour pouvoir traiter les entrées singulières du type $1/t$ et $1/(1-t)$ et nous nous plaçons dans le cadre de l'analyse complexe. Cette étude nous permet de faire le lien entre les séries rationnelles en variables non commutatives, les fonctions spéciales du chapitre 4 et les nombres spéciaux de la section 5.4. Elle nous donne des ouvertures pour traiter les équations intégro-différentielles singulières au chapitre 5.

Soit $X = \{x_0, x_1, \ldots, x_m\}$ un alphabet fini. A chaque lettre x_i de X, nous associons une forme différentielle ω_i. Les intégrales par rapport à ces formes différentielles sont prises suivant les chemins γ d'origine z_0 et de but z.

3.4.1 Transformation d'évaluation sans noyau

A chaque mot w de X^*, nous notons $\alpha^z_{z_0, \gamma}(w)$ l'intégrale itérée de Chen par rapport aux formes différentielles $\{\omega_i\}_{i=0,\ldots,m}$ suivant le chemin γ. Lorsqu'il n'y pas de confusion sur le chemin γ, nous ne le précisons pas. Cette intégrale itérée est définie récursivement comme suit [69] :

$$\alpha^z_{z_0}(w) = \begin{cases} 1 & \text{si } w = \epsilon, \\ \displaystyle\int_{z_0}^z \alpha^s_{z_0}(v)\omega_i & \text{si } w = vx_i, \quad (v \in X^*, x_i \in X). \end{cases} \tag{3.40}$$

Nous avons appelé aussi cette intégrale itérée *évaluation du mot w par rapport aux formes différentielles* $\{\omega_i\}_{x_i \in X}$.

Pour chaque lettre x_i, si nous posons $\omega_i = a_{x_i}(z)dz$, alors $\alpha^z_{z_0}(x_{i_1} \ldots x_{i_k})$ est l'intégrale multiple suivante :

$$\alpha^z_{z_0}(x_{i_1} \ldots x_{i_k}) = \int_{z_0}^z \int_{z_0}^{s_{k-1}} \ldots \int_{z_0}^{s_1} a_{x_{i_1}}(s_1) \ldots a_{x_{i_k}}(s_k) ds_1 \ldots ds_k \tag{3.41}$$

et elle est solution de l'équation différentielle suivante (avec les conditions initiales nulles en $z = z_0$) :

$$\left(\frac{1}{a_{x_{i_1}}(z)} \frac{d}{dz} \right) \circ \ldots \circ \left(\frac{1}{a_{x_{i_k}}(z)} \frac{d}{dz} \right) g(z) = 1. \tag{3.42}$$

La transformation d'évaluation peut être étendue à une série formelle S sur X^* et à coefficients dans $\mathbb{C}$ (sous réserve de convergence) comme suit [69] :

$$\alpha^z_{z_0}(S) = \sum_{w \in X^*} \langle S|w \rangle \alpha^z_{z_0}(w). \tag{3.43}$$

Théorème 3.4.1. *Considérons les deux formes différentielles suivantes associées à $X = \{x_0, x_1\}$:*

$$\omega_0 = \frac{dz}{z} \qquad et \qquad \omega_1 = \frac{dz}{1-z}.$$

Alors α est un isomorphisme d'algèbre de mélange.

Dans [80], nous avons calculé la monodromie de chaque $\alpha(w)$, $w \in X^*$, montrant qu'elle fait intervenir des $\alpha(u)$, $u \in X^*$ et $u < w$ pour l'ordre lexicographique par longueur. La monodromie fait appel également à des sommes d'Euler-Zagier [79]. Par contre :

Théorème 3.4.2. *Considérons les deux formes différentielles suivantes associées à* $X = \{x_1, x_2\}$ *:*

$$\omega_1 = \frac{dz}{z} \qquad et \qquad \omega_2 = dz.$$

Alors $\ker \alpha \neq \{0\}$.

Car nous avons $\alpha_0^z(x_1 x_2^n) = z$ pour tout n positif. Par conséquent, nous en déduisons :

Corollaire 3.4.1. *Avec les formes différentielles suivantes associées à* $X = \{x_0, x_1, x_2\}$ *:*

$$\omega_0 = \frac{dz}{z}, \qquad \omega_1 = \frac{dz}{1-z} \qquad et \qquad \omega_2 = dz.$$

Alors α *n'est pas un isomorphisme d'algèbre de mélange.*

3.4.2   Transformation d'évaluation avec noyau

Soit κ une fonction nulle en $z_0 \in \mathbb{C}$. L'*évaluation du mot* w *par rapport aux formes différentielles* $\{\omega_i\}_{x_i \in X}$ *et par rapport au noyau* κ suivant le chemin γ d'extrémités z_0 et z est notée par $\alpha_{z_0, \gamma}^z(\kappa; w)$. Lorsqu'il n'y pas de confusion sur le chemin γ, nous ne le précisons pas. Cette intégrale itérée est définie récursivement comme suit [69] :

$$\alpha_{z_0}^z(\kappa; w) = \begin{cases} \kappa(z) & \text{si} \quad w = \epsilon, \\ \int_{z_0}^z \alpha_{z_0}^s(\kappa; v)\omega_i & \text{si} \quad w = vx_i, \quad (v \in X^*, x_i \in X). \end{cases} \tag{3.44}$$

Pour chaque lettre x_i, si nous posons $\omega_i = a_{x_i}(z)dz$, alors $\alpha_{z_0}^z(\kappa; x_{i_1} \ldots x_{i_k})$ est l'intégrale multiple suivante :

$$\alpha_{z_0}^z(\kappa; x_{i_1} \ldots x_{i_k}) = \int_{z_0}^z \int_{z_0}^{s_{k-1}} \ldots \int_{z_0}^{s_1} \kappa(s_1) a_{x_{i_1}}(s_1) \ldots a_{x_{i_k}}(s_k) ds_1 \ldots ds_k \tag{3.45}$$

et elle est solution de l'équation différentielle suivante (avec les conditions initiales nulles en z_0) :

$$\left(\frac{1}{a_{x_{i_1}}(z)} \frac{d}{dz} \right) \circ \ldots \circ \left(\frac{1}{a_{x_{i_k}}(z)} \frac{d}{dz} \right) g(z) = \kappa(z). \tag{3.46}$$

Cette transformation d'évaluation peut être également étendue à une série formelle sur X^* et à coefficients dans $\mathbb{C}$ (sous réserve de convergence) comme suit [69] :

$$\alpha_{z_0}^z(\kappa; S) = \sum_{w \in X^*} \langle S|w \rangle \alpha_{z_0}^z(\kappa; w). \tag{3.47}$$

Question 3.4.1. *Existe-t-il une convolution, notée encore par "*", telle que*

$$\alpha_{z_0}^z(\kappa; S) = \kappa(z) * \alpha_{z_0}^z(S)?$$

La transformation d'évaluation avec noyau cesse d'être un morphisme d'algèbre de mélange car, en général, on a

$$\alpha_{z_0}^z(\kappa; u \sqcup v) \neq \alpha_{z_0}^z(\kappa; u)\alpha_{z_0}^z(\kappa; v). \tag{3.48}$$

Mais, pour toutes lettres $y_1, \ldots, y_n$ et pour tous entiers $i_1, \ldots, i_n$, nous avons (*lemme de convolution*) [69] :

$$\alpha_{z_0}^z(\kappa; y_1^{i_1} \sqcup \ldots \sqcup y_n^{i_n}) = \int_{z_0}^z \frac{[\alpha_{z_0}^z(y_1) - \alpha_{z_0}^s(y_1)]^{i_1}}{i_1!} \ldots \frac{[\alpha_{z_0}^z(y_n) - \alpha_{z_0}^s(y_n)]^{i_n}}{i_n!} d\kappa(s). \tag{3.49}$$

Cela donne une correspondance entre certaines convolutions de signaux et le produit de Cauchy des séries formelles [69] en variables non commutatives :

Théorème 3.4.3 (Théorème de convolution, version non commutative [69]). *Soient H une série formelle* échangeable *et $h[\alpha_{z_0}^z(x_1), \ldots, \alpha_{z_0}^z(x_m)]$ son évaluation sans noyau. Nous avons :*

$$\alpha_{z_0}^z(\kappa; H) = \int_{z_0}^z h[\alpha_{z_0}^z(x_1) - \alpha_{z_0}^s(x_1), \ldots, \alpha_{z_0}^z(x_m) - \alpha_{z_0}^s(x_m)] d\kappa(s)$$
$$= \kappa(z) * h[\alpha_{z_0}^z(x_1), \ldots, \alpha_{z_0}^z(x_m)].$$

Finalement, la transformation d'évaluation avec noyau nul en z_0 vérifie les propriétés suivantes (S, R sont les séries et κ, λ sont les noyaux) [69] :

1. Si $\langle S|1 \rangle = 0$ alors $\alpha_{z_0}^{z_0}(\kappa; S) = 0$.

2. Si $\langle S|1 \rangle = 0$ alors $\alpha_{z_0}^z(\kappa + \lambda; S) = \alpha_{z_0}^z(\kappa; S) + \alpha_{z_0}^z(\lambda; S)$.

3. Si $\langle S|1 \rangle = \langle R|1 \rangle = 0$ alors $\alpha_{z_0}^z(\kappa; S + R) = \alpha_{z_0}^z(\kappa; S) + \alpha_{z_0}^z(\kappa; R)$.

4. $\alpha_{z_0}^z(\kappa; SR) = \alpha_{z_0}^z[\alpha_{z_0}^z(\kappa; S); R]$.

5. $\alpha_{z_0}^z(S \sqcup R) = \alpha_{z_0}^z(S)\alpha_{z_0}^z(R)$.

6. Si R est *échangeable* et si $r[\alpha_{z_0}^z(x_1), \ldots, \alpha_{z_0}^z(x_m)]$ est son évaluation *sans noyau*, alors

$$\alpha_{z_0}^z(SR) = \langle S|1 \rangle r[\alpha_{z_0}^z(x_1), \ldots, \alpha_{z_0}^z(x_m)]$$
$$+ \int_{z_0}^z r[\alpha_{z_0}^z(x_1) - \alpha_{z_0}^s(x_1), \ldots, \alpha_{z_0}^z(x_m) - \alpha_{z_0}^s(x_m)] d\alpha_{z_0}^s(S).$$

La dernière propriété est une conséquence du théorème 3.4.3 fournissant une correspon-dance entre certaines convolutions de signaux et le produit de Cauchy des séries génératrices. On peut noter une dissymétrie dans cette convolution. Comme exemples d'évaluation, nous avons les transformées suivantes :

S	$\alpha_{z_0}^x(\kappa; S)$
$x^{*n}, n \geq 1$	$\sum_{j=0}^{n-1} \binom{n-1}{j} \int_{z_0}^z \exp[\alpha_s^z(x)] \dfrac{[\alpha_s^z(x)]^j}{j!} d\kappa(s)$
$\sum_{n \geq 0} n x^n$	$\int_{z_0}^z [\alpha_s^z(x)] \exp[\alpha_s^z(x)] d\kappa(s)$
$\sum_{n \geq 0} x^{2n}$	$\int_{z_0}^z \cosh[\alpha_s^z(x)] d\kappa(s)$
$\sum_{n \geq 0} x^{2n+1}$	$\int_{z_0}^z \sinh[\alpha_s^z(x)] d\kappa(s)$
$\sum_{n \geq 0} (-1)^n x^{2n}$	$\int_{z_0}^z \cos[\alpha_s^z(x)] d\kappa(s)$
$\sum_{n \geq 0} (-1)^n x^{2n+1}$	$\int_{z_0}^z \sin[\alpha_s^z(x)] d\kappa(s)$

Au chapitre 4, nous illustrerons ce tableau avec le noyau $\kappa(z) = -\log(1-z)$, nulle en 0, et la forme différentielle $\omega = dz/z$, méromorphe en 0. Cette illustration nous permet d'étudier et d'établir les propriétés combinatoires des fonctions spéciales (polylogarithmes, fonctions de Dirichlet, fonctions hypergéométriques) dans le cadre des séries formelles en variables non commutatives [77, 78] (voir chapitre 4), et nous conduit aux développements de logiciel pour manipuler symboliquement ces fonctions [79, 80, 81] :

1. Avec les polynômes en x, nous obtiendrons les fonctions de Dirichlet (ou encore des fonctions génératrices polylogarithmiques, voir section 4.3) [75, 70, 71]. En particulier, avec les monômes en x, nous obtiendrons des polylogarithmes (voir section 4.2) :

$$\alpha_0^z(-\log(1-z); x^n) = \sum_{k \geq 1} \frac{z^k}{k^{n+1}}. \tag{3.50}$$

2. Avec les séries du tableau précédent, nous obtiendrons des fonctions hypergéométriques comme diverses sommations de fonctions de Dirichlet et de polylogarithmes [69] (voir section 4.3.3). Plus généralement, avec les séries rationnelles en variables non commu-tatives, nous obtenons les fonctions hypergéométriques (voir section 4.4) [69, 77].

3. Avec la série suivant (t n'est pas un entier négatif)

$$S = (-tx)^* \underbrace{x(-tx)^* \dots x(-tx)^*}_{n-1 \text{ fois}, n \geq 1}, \tag{3.51}$$

son évaluation nous conduit à la fonction de Lerch dont les variantes aboutissent aux fonctions de Dirichlet de paramètre t (voir [77]) :

$$\alpha_0^z(-\log(1-z); S) = \sum_{k \geq 1} \frac{z^k}{(k+t)^n}. \tag{3.52}$$

3.4.3 Commentaires

Pour chaque lettre x_i, posons $\omega_i = a_{x_i}(z)dz$, alors :

1. En théorie du contrôle, on note t au lieu de z lorsque z est pris sur le demi-axe réel. Les a_x sont considérées comme *commandes* (ou des *entrées*). Aux trois formes différentielles du théorème 3.4.1, considérons les trois entrées suivantes (attention : ici, la dérive est l'entrée a_{x_2}) :

$$a_{x_0}(t) = \frac{1}{t}, \qquad a_{x_1}(t) = \frac{1}{1-t} \qquad \text{et} \qquad a_{x_2}(t) = 1. \tag{3.53}$$

Les conséquences du théorème 3.4.1 sont importantes. Il signifie qu'une même fonction (une *sortie*) peut être obtenue à partir des codages différents (c'est-à-dire les séries génératrices de Fliess sur $X = \{x_0, x_1, x_2\}$) avec la même sémantique (c'est-à-dire les entrées $\{a_x\}_{x \in X}$).

Ainsi, d'après le corollaire 3.4.1, les systèmes de série génératrice $x_1 x_2^n, n \geq 0$, ne peuvent être discernés par l'entrée (a_{x_1}, a_{x_2}). Par contre, avec l'entrée (a_{x_0}, a_{x_1}) on peut discerner les systèmes de série génératrice sur $\{x_0, x_1\}$ (sauf pour les séries $x_0^n, n \geq 1$, dont les intégrales itérées, sur $[0, t]$, sont divergentes).

2. Considérons de nouveau les entrées $\{a_x\}_{x \in X}$. Nous avons vu que pour les trois formes différentielles associées (théorème 3.4.1), α n'est pas un isomorphisme d'algèbre de mélange. Voici une autre preuve : au morphisme α, associons le morphisme δ, de l'algèbre $\mathcal{L}ie_{\mathbb{R}}\langle X \rangle$ dans l'algèbre de Lie des champs de vecteurs, défini comme suit :

$$\delta(x_0) = t\frac{d}{dt}, \qquad \delta(x_1) = (1-t)\frac{d}{dt} \qquad \text{et} \qquad \delta(x_2) = \frac{d}{dt}. \tag{3.54}$$

Nous vérifions aisément que :

$$\delta([x_1, x_0]) = \delta(x_1 + x_0) = \delta(x_2). \tag{3.55}$$

Par conséquent, l'image par le morphisme δ de l'algèbre de Lie définie sur X n'est pas libre. Elle est engendrée par $\{x_0, x_1\}$ et l'algèbre enveloppante est engendrée seulement par les éléments de la famille des opérateurs $\{\delta(x_1^k x_0^l)\}_{k,l \geq 0}$.

3.5   Propriétés des intégrales itérées et de leurs séries génératrices non commutatives

Soit X un alphabet fini et soit $\{\omega_i\}_{x_i \in X}$ un ensemble de formes différentielles. Rappelons que, les intégrales itérées de Chen par rapport aux formes différentielles ω_i ne sont pas les intégrales ordinaires car l'additivité, en particulier, n'est pas satisfaite pour $w = \epsilon$:

$$\alpha_0^z(\epsilon) \neq \alpha_0^{z_0}(\epsilon) + \alpha_{z_0}^z(\epsilon) \tag{3.56}$$

(cela impliquerait 1=1+1 !, cette propriété est remplacée par la règle 3.5.1).

Les intégrales itérées de Chen vérifient les propriétés suivantes :

3.5.1   Règle de concaténation des chemins

Pour tout mot $w \in X^*$, on a

$$\alpha_\rho^z(w) = \sum_{u,v \in X^*, uv=w} \alpha_\rho^{z_0}(u)\alpha_{z_0}^z(v). \tag{3.57}$$

3.5.2   Règle d'intégration par parties

Pour tous mots u et v, on a

$$\alpha_{z_0}^z(u \sqcup v) = \alpha_{z_0}^z(u)\alpha_{z_0}^z(v). \tag{3.58}$$

$u \sqcup v$ est le mélange du mot u et du mot v (voir [10]).

Cette règle montre que pour toutes formes différentielles $\{\omega_i\}_{x_i \in X}$, α réalise un morphisme d'algèbre de mélange sur X [32, 51]. Et pour toute lettre x et pour tout entier n, on a :

$$\alpha_{z_0}^z(x^n) = \frac{[\alpha_{z_0}^z(x)]^n}{n!}. \tag{3.59}$$

La transformation d'évaluation est alors une généralisation de la transformation exponentielle et cela explique que les séries *échangeables* sont exactement les codages des *fonctionnelles analytiques* (voir [51]) :

$$\sum_{n \geq 0} c_n x^n \longmapsto \sum_{n \geq 0} c_n \frac{[\alpha_{z_0}^z(x)]^n}{n!}, \tag{3.60}$$

$$\sum_{n_1,\ldots,n_m \geq 0} c_{n_1,\ldots,n_m} x_1^{n_1} \sqcup \ldots \sqcup x_m^{n_m} \longmapsto \sum_{n_1,\ldots,n_m \geq 0} c_{n_1,\ldots,n_m}$$
$$\frac{[\alpha_{z_0}^z(x_1)]^{n_1} \ldots [\alpha_{z_0}^z(x_m)]^{n_m}}{n_1! \ldots n_m!}. \tag{3.61}$$

En particulier :

$$(cx)^* \longmapsto \exp[c\alpha_{z_0}^z(x)], \tag{3.62}$$
$$(c_1x_1 + \ldots + c_mx_m)^* \longmapsto \exp[c_1\alpha_{z_0}^z(x_1) + \ldots + c_m\alpha_{z_0}^z(x_m)]. \tag{3.63}$$

3.5.3 Règle de changement de variables

Pour tout mot w, on a :

$$\alpha_{g(z_0),g(\gamma)}^{g(z)}(w) = g^*\alpha_{z_0,\gamma}^z(w), \tag{3.64}$$

où $g^*\alpha_{z_0,\gamma}^z$ est l'intégrale itérée suivant le chemin γ et par rapport aux formes différentielles $g^*\omega$ (l'*image réciproque* g^* de ω).

Exemple 3.5.1. *Considérons les formes différentielles*

$$\omega_0 = \frac{dz}{z} \quad et \quad \omega_1 = \frac{dz}{1-z}.$$

Nous considérons les élements g du groupe du birapport $\mathcal{G}$ suivant :

$$\mathcal{G} = \left\{ z, \frac{1}{z}, \frac{z-1}{z}, \frac{z}{z-1}, \frac{1}{1-z}, 1-z \right\}.$$

Pour chaque $g \in \mathcal{G}$, l'image réciproque g^* des formes ω_0 et ω_1 vaut :

$$g^*\omega_0 = \frac{dg(z)}{g(z)} \quad et \quad g^*\omega_1 = \frac{dg(z)}{1-g(z)}.$$

Ainsi, en décomposant en éléments simples, nous obtenons le tableau suivant (la structure de groupe sur $\mathcal{G}$ induit alors une structure de groupe sur $\{s_g\}_{g\in\mathcal{G}}$) :

$g(z)$	z	$\dfrac{1}{z}$	$\dfrac{z-1}{z}$	$\dfrac{z}{z-1}$	$\dfrac{1}{1-z}$	$1-z$
$g^*\omega_0$	ω_0	$-\omega_0$	$-\omega_1 - \omega_0$	$\omega_1 + \omega_0$	ω_1	$-\omega_1$
$g^*\omega_1$	ω_1	$\omega_1 + \omega_0$	$-\omega_0$	$-\omega_1$	$-\omega_1 - \omega_0$	$-\omega_0$

Puisque chaque lettre x_i code une forme différentielle ω_i. Les calculs de l'exemple 3.5.1 induisent sur les lettres x_1 et x_0 les transformations $\{s_g\}_{g\in\mathcal{G}}$ que voici :

$g(z)$	z	$\dfrac{1}{z}$	$\dfrac{z-1}{z}$	$\dfrac{z}{z-1}$	$\dfrac{1}{1-z}$	$1-z$
$s_g(x_0)$	x_0	$-x_0$	$-x_1 - x_0$	$x_1 + x_0$	x_1	$-x_1$
$s_g(x_1)$	x_1	$x_1 + x_0$	$-x_0$	$-x_1$	$-x_1 - x_0$	$-x_0$

(3.65)

Nous étendons ces transformations à X^* et nous avons :

Proposition 3.5.1 ([69]).

$$\forall w \in X^*, \forall g \in \mathcal{G}, \quad \alpha_{g(z_0)}^{g(z)}(w) = g^*\alpha_{z_0}^z(w) = \alpha_{z_0}^z[s_g(w)].$$

3.5.4 Règle d'interversion des bornes d'intégration

Pour tous mots w, on a ($\widetilde{w}$ est l'image miroir de w)

$$\alpha_{z_0}^z(w) = (-1)^{|w|}\alpha_z^{z_0}(\widetilde{w}). \tag{3.66}$$

L'élément $(-1)^{|w|}\widetilde{w}$ est l'antipode de w.

Exemple 3.5.2. *Nous reprenons les formes différentielles de l'exemple 3.5.1. Pour tout $w \in x_1 X^* x_0$, nous avons successivement :*

$$\alpha_0^{1-z}(w) = \alpha_1^z[s_{1-z}(w)]$$
$$(d'après\ la\ règle\ de\ changement\ de\ variable,\ 3.5.3)$$
$$= (-1)^{|w|}\alpha_1^z[\mu(w)]$$
$$(\mu\ est\ le\ morphisme\ défini\ par\ \mu(x_0) = x_1, \mu(x_1) = x_0)$$
$$= \alpha_z^1[\widetilde{\mu(w)}]$$
$$(d'après\ la\ règle\ d'interversion\ des\ bornes\ d'intégration,\ 3.5.4).$$

Par conséquent :

$$\alpha_0^{1-z}(w) = \alpha_z^1[\tau(w)],$$

où le morphisme τ est la composition du morphisme μ et l'opération du miroir. En prenant $z = 0$, nous obtenons ainsi la relation de dualité *entre les sommes d'Euler-Zagier (voir section 5.4) :*

$$\alpha_0^1(w) = \alpha_0^1[\tau(w)].$$

3.5.5 Série de Chen

Définition 3.5.1. *On appelle* série de Chen *du chemin γ d'origine z_0 et de but z, la série formelle en variables non commutatives suivante :*

$$S_\gamma(z) = 1 + \sum_{w \in X^+} \alpha_{z_0,\gamma}^z(w).$$

Lorsqu'il n'y a pas d'ambiguïté sur les chemins, nous ne précisons pas le chemin γ car à deux chemins appartenant à la même classe d'homotopie [32] correspondent des séries égales.

D'après la formule (2.5) et d'après le théorème de convolutiuon, la série de Chen $S_\gamma(z)$ peut être mise sous la forme graduée suivant le nombre de lettres dans $X_0 = X \smallsetminus \{x_0\}$:

Proposition 3.5.2 ([72, 66]). *Nous avons :*

$$S_\gamma(z) = e^{\alpha_{z_0}^z(x_0)x_0} + \sum_{k \geq 1} \sum_{x_{i_1}\ldots x_{i_k} \in X_0^k} \int_{z_0}^z \int_{z_0}^{s_k} \cdots \int_{z_0}^{s_2}$$
$$e^{\alpha_{z_0}^{s_1}(x_0)x_0} x_{i_1} e^{\alpha_{s_1}^{s_2}(x_0)x_0} \ldots x_{i_k} e^{\alpha_{s_k}^z(x_0)x_0} \omega_{i_1}\ldots\omega_{i_k}.$$

En dérivant $S_\gamma(z)$, terme par terme, on vérifie que la série de Chen $S_\gamma(z)$ est la solution de l'équation différentielle :

Proposition 3.5.3 ([126]).

$$\begin{cases} S_\gamma(z)dz &= S_\gamma(z)\left(\sum_{x_i \in X} \omega_i x_i\right), \\ S_\gamma(z_0) &= 1. \end{cases}$$

La règle d'intégration par parties dit que la série de Chen d'un chemin vérifient le critère de Friedrich. Par conséquent (voir théorème 2.5.1) :

Corollaire 3.5.1. $S_\gamma(z)$ *est l'exponentielle d'une série de Lie.*

D'après un théorème de Schützenberger, nous déduisons :

Corollaire 3.5.2.

$$S_\gamma(z) = \prod_{l \in S} e^{\alpha_{z_0}^z(R_l)Q_l} \qquad (\textit{lexicographique inverse croissant}).$$

Soit $\gamma = \gamma_1\gamma_2$ le chemin obtenu en mettant bout à bout deux chemins γ_1 et γ_2. La règle de concaténation des chemins donne :

$$S_{\gamma_1\gamma_2} = S_{\gamma_1}S_{\gamma_2} \tag{3.67}$$

et on en déduit que

$$S_{\gamma^{-1}} = S_\gamma^{-1}. \tag{3.68}$$

D'après la règle d'interversion des bornes d'intégration, cette série inverse est égale à l'antipode de S_γ.

La règle de changement de variables nous donne

$$S_{g(\gamma)}(z) = \sum_{w \in X^*} \alpha_{g(z_0),g(\gamma)}^{g(z)}(w) = \sum_{w \in X^*} g^* \alpha_{z_0,\gamma}^z(w). \tag{3.69}$$

Par conséquent, en considérant de nouveau le groupe du birapport $\mathcal{G}$ de l'exemple 3.5.1, et par dualité, l'*image directe g_** de la série de Chen S_γ est :

Proposition 3.5.4 ([81]).

$$\forall g \in \mathcal{G}, \quad g_*S_\gamma = S_{g(\gamma)} = \sum_{w \in X^*} (S|w)g_*w,$$

où g_* est la substitution donnée sur les lettres par :

$g(z)$	z	$\dfrac{1}{z}$	$\dfrac{z-1}{z}$	$\dfrac{z}{z-1}$	$\dfrac{1}{1-z}$	$1-z$
g_*x_1	x_1	x_1	$-x_0$	$x_0 - x_1$	$x_0 - x_1$	$-x_0$
g_*x_0	x_0	$x_1 - x_0$	$x_1 - x_0$	x_0	$-x_1$	$-x_1$

Elle s'étend donc aux mots en un morphisme de monoïde (pour la concaténation) et s'étend par linéarité aux séries.

3.5.6 Cas des systèmes dynamiques

En théorie du contrôle, on s'intéresse aux systèmes dynamiques de la forme :

$$\begin{cases} dq(t) &= \sum_{i=0}^{m} A_i(q)\, a_i(t)dt, \\ y(t) &= h(q(t)), \end{cases} \tag{3.70}$$

où l'état q décrit une variété analytique réel Q de dimension N, A_i est un champ de vecteurs analytique sur Q, a_i est une application bornée de $\mathbb{R}_+$ dans $\mathbb{R}_+$ (avec l'entrée $a_0 \equiv 1$), l'observation h est une application continue de Q dans $\mathbb{R}^p$.

La formule fondamentale de Fliess [51] donne la sortie comme suit :

$$y(t) = \sum_{w \in X^*} (A_w \circ h)_{|0}\, \alpha_0^t(w), \tag{3.71}$$

où pour tout mot w sur $X = \{x_0, \dots, x_m\}$, A_w est l'opérateur différentiel défini comme suit :

$$A_w = \begin{cases} \text{identité} & \text{si } w = \epsilon, \\ A_i & \text{si } w = x_i \in X, \\ A_v A_{x_i} & \text{si } w = vx_i, \quad (v \in X^*, x_i \in X) \end{cases} \tag{3.72}$$

que l'on peut également étendre à $\mathbb{C}\langle X \rangle$. Ainsi, la sortie d'un tel système est entièrement déterminée par la dualité entre la série génératrice de Fliess F et la série de Chen C :

$$F = \sum_{w \in X^*} (A_w \circ h)_{|0}\, w \quad \text{et} \quad C = \sum_{w \in X^*} \alpha_0^t(w)\, w. \tag{3.73}$$

Cette dualité exprime la convergence de la somme suivante (voir [66] pour une étude détaillée de cette dualité) :

$$y(t) = \sum_{w \in X^*} \langle F|w \rangle \langle C|w \rangle \tag{3.74}$$

D'après la proposition 3.5.2 la sortie $y(t)$ peut être mise sous la forme graduée comme suit :

Théorème 3.5.1 ([51]). *On a :*

$$y(t) = e^{tA_{x_0}} \circ h_{|0} + \sum_{k \geq 1} \sum_{u \in X_0^k} \int_0^z \int_0^{\tau_k} \dots \int_0^{\tau_2} K^u(t, \tau_1, \dots, \tau_k)\omega_{i_1} \dots \omega_{i_k},$$

où pour tout $k \geq 1$ et pour tout $u = x_{i_1} \dots x_{i_k} \in X_0^k$, $K^u(t, \tau_1, \dots, \tau_k)$ est donné par :

$$\begin{aligned} K^u(t, \tau_1, \dots, \tau_k) &= e^{\tau_1 A_{x_0}} A_{x_{i_1}} e^{-\tau_1 A_{x_0}} e^{\tau_2 A_{x_0}} \dots A_{x_{i_k}} e^{-\tau_k A_{x_0}} e^{t A_{x_0}} \circ h_{|0} \\ &= (e^{\operatorname{ad}_{\tau_1 A_{x_0}}} A_{x_{i_1}}) \dots (e^{\operatorname{ad}_{\tau_k A_{x_0}}} A_{x_{i_k}}) e^{t A_{x_0}} \circ h_{|0}. \end{aligned}$$

Le passage de la première expression à la seconde du noyau $K^u(t, \tau_1, \ldots, \tau_k)$ est obtenu en utilisant l'égalité suivante [22] :

$$e^a b e^{-a} = \sum_{\nu \geq 0} \frac{1}{\nu!} \operatorname{ad}_a^\nu b = e^{\operatorname{ad}_a} b, \tag{3.75}$$

où $\operatorname{ad}_a^\nu b, \nu \geq 1$, est le crochet de Lie ν–itéré $[a, [\ldots, [a, b] \ldots]]$ et $\operatorname{ad}_a^0 b = b$. L'expression (3.75) est appelée *série Volterra associée à h* [51], avec les *noyaux de Volterra triangulaires* donnés par (3.75) ou par (3.75).

De même d'après le corollaire 3.5.2, la sortie $y(t)$ peut être mise sous la forme factorisée comme suit :

Théorème 3.5.2 ([76]).

$$y(t) = \prod_{l \in \mathcal{S}} e^{\alpha_{z_0}^z (R_l) A_{Q_l}} \circ h_{|0} \qquad (\textit{lexicographique inverse croissant}).$$

Dans [77, 78], nous avons examiné le cas où les champs de vecteurs $\{A_x\}_{x \in X}$ sont linéaires : les systèmes dynamiques bilinéaires dont la série génératrice est une série rationnelle (voir section 5.2).

Chapitre 4

Aspects combinatoires des fonctions spéciales

Science is what we understand well enough to explain to a computer.
Art is everything else we do.
During the past several years an important part of mathematics
has been transformed from an Art to a Science.
Donald E. Knuth

4.1 Introduction

Dans ce chapitre, nous nous intéressons aux fonctions spéciales obtenues comme combinaisons finies (ou infinies) des intégrales itérées de formes différentielles à pôles logarithmiques à l'infini sur $\mathcal{P}_1(\mathbb{C}) \smallsetminus \{0, 1, \infty\}$. Nous étudions, en particulier, les propriétés combinatoires des polylogarithmes et des fonctions du *type hypergéométrique* qui satisfont une équation différentielle linéaire à coefficients polynomiaux [1]. Les valeurs remarquables de ces fonctions (en $z = 1$) conduisent aux fonctions zêta multivariées (voir section 5.4) et aux fonctions bêta [2]. Toutes ces fonctions et leurs généralisations sont considérées comme des fonctions spéciales. Nous codons chacune de ces fonctions holonomes par un mot ou par une série rationnelle en variables non commutatives (voir chapitre 5). En nous basant sur les identités rationnelles, nous donnons quelques algorithmes efficaces pour établir des relations algébriques et des équations fonctionnelles vérifiées par ces fonctions, et/ou pour en découvrir de nouvelles. Nous en déduisons ensuite quelques sommations de séries à l'aide des fonctions zêta et des fonctions bêta. Certaines implémentations sont déjà opérationnelles et disponibles.

---

1. Les fonctions vérifiant une équation différentielle linéaire à coefficients polynomiaux sont des fonctions holonomes.

2. Les fonctions zêta et les fonctions bêta ne vérifient pas une équation différentielle.

L'utilisation des intégrales itérées est très fréquente pour exprimer les solutions des équations différentielles linéaires à coefficients non constants. Par exemple, en 1903, Nielsen a étudié les solutions de l'équation différentielle suivante (et la valeur de ces solutions en $1, -1$ et $1/2$) [111] :

$$\underbrace{\left(z\frac{d}{dz}\right) \circ \ldots \circ \left(z\frac{d}{dz}\right)}_{n \text{ fois},n\geq 1} f(z) = \frac{1}{p!} \log^p\left(\frac{1}{1-z}\right). \tag{4.1}$$

En 1928, dans l'étude des solutions des équations différentielles à coefficients non constants, Lappo-Danilevski a également proposé les *fonctions hyperlogarithmes*, c'est-à-dire les intégrales itérées *impropres* suivantes [100] :

$$L(a_1, \ldots, a_n|z) = \int_0^z \int_0^{s_n} \ldots \int_0^{s_2} \frac{ds_1}{s_1 - a_1} \ldots \frac{ds_n}{s_n - a_n}. \tag{4.2}$$

formées par les formes différentielles à pôles finis $dz/(z - a_i), i = 1, \ldots, k$. Le *polylogarithme* est un cas particulier de ces intégrales (voir section 4.2) :

$$\mathrm{Li}_n(z) = \int_0^z \int_0^{s_n} \ldots \int_0^{s_2} \frac{ds_1}{1 - s_1} \frac{ds_2}{s_2} \ldots \frac{ds_n}{s_n} = -L(1, \underbrace{0, \ldots, 0}_{n-1 \text{ fois}}|z). \tag{4.3}$$

De même, Dyson a eu recours aux intégrales itérées pour étudier l'électrodynamique quantique [39]. C'est Chen qui les a étudiées systématiquement et qui a donné un cadre algébrique non commutatif pour ces intégrales itérées [32]. Fliess a codé les intégrales itérées par les mots formés sur un alphabet fini et ramené, en conséquence, l'étude des systèmes d'équations différentielles dans le cadre des séries formelles à variables non commutatives [51].

Dans ce chapitre, nous considérons l'évaluation des mots de la forme $x_{i_1}x_0^{n_1} \ldots x_{i_k}x_0^{n_k}$, pour $n_1, \ldots, n_k \geq 0$ ou des séries rationnelles sur $\{x_0, x_1, x_{-1}\}$ de la forme

$$x_{i_1}(-t_1x_0)^{*n_1} \ldots x_{i_k}(-t_kx_0)^{*n_k}, \tag{4.4}$$

$(i_1, \ldots, i_k = 1 \text{ ou } -1, t_1, \ldots, t_k \in \mathbb{C} \smallsetminus \mathbb{Z}_-)$ et par rapport aux formes différentielles :

$$\omega_0 = \frac{dz}{z}, \qquad \omega_1 = \frac{dz}{1 - z} \quad \text{et} \quad \omega_{-1} = \frac{dz}{1 + z}, \tag{4.5}$$

Nous avons utilisé ces fonctions pour exprimer la sortie d'un système dynamique contrôlé avec les entrées rationnelles [69], c'est-à-dire pour intégrer des équations différentielles à coefficients méromorphes [77, 78]. Ces études nous permettent de faire le lien avec d'autres travaux en informatique mathématique comme le problème d'évaluation des arbres quadrants dont l'étude du comportement asymptotique conduit aux sommes d'Euler-Zagier (voir section 5.3).

Ces fonctions ont attiré l'attention des physiciens (en mécanique statistique, en mécanique quantique, en physique des hautes énergies) et les mathématiciens (en analyse complexe, en géométrie algébrique, en théorie des nombres, en théorie des nœuds, ...) [104].

L'organisation de ce chapitre est la suivante :

– Section 4.2 : nous étudions l'*algèbre des polylogarithmes*, c'est la plus petite algèbre qui contient les constantes et qui est stable par les intégrations par rapport aux formes différentielles ω_0 et ω_1 de (4.5). D'après le théorème de structure (théorème 4.2.4) cette algèbre est isomorphe à l'algèbre de mélange sur $\{x_0, x_1\}$. Comme conséquence de ce résultat, les polylogarithmes $\mathrm{Li}_n(g)$, où $n \geq 1$ et où les g appartiennent au *groupe du birapport*, sont des polynômes en les polylogarithmes généralisés indicés par les mots de Lyndon-Širšov et à coefficients dans une certaine extension transcendante de $\mathbb{Q}$: l'algèbre des sommes d'Euler-Zagier. Nous conjecturons que cette algèbre est une algèbre de polynômes [79]. Et la question de savoir si les polylogarithmes $\mathrm{Li}_n(g)$ vérifient une *équation fonctionnelle linéaire* (voir conjecture 1.3.1), est alors *décidable* modulo une conjecture de dimension de Zagier. Cette procédure de décision passe par la décomposition de ces polylogarithmes comme polynômes en les polylogarithmes généralisés indicés par la base de Lyndon-Širšov. Un tel algorithme se base sur une factorisation de la série génératrice de ces polylogarithmes.

– Section 4.3 : pour systématiser le traitement des polylogarithmes et leur généralisation, nous introduisons les *fonctions de Dirichlet* associées à des fonctions génératrices $G(z)$ d'une suite de nombres complexes $\{g_k\}_{k \geq 1}$. Elles sont des évaluations des mots $x_1 x_0^{n-1}$ par rapport aux formes différentielles

$$\omega_0 = \frac{dz}{z} \quad \text{et} \quad \omega_1 = G(z)\frac{dz}{z}. \tag{4.6}$$

La construction des fonctions génératrices en les variables $t_1, \ldots, t_k$ pour ces fonctions revient à calculer l'évaluation de $x_1(t_1 x_0)^* \ldots x_1(t_k x_0)^*$ et conduit aux fonctions hypergéométriques [74, 75, 70, 71].

– Section 4.4 : les résultats de la précédente section, nous amènent à étudier les fonctions hypergéométriques. Ces fonctions sont obtenues comme l'évaluation des séries de la forme (4.4). Les évaluations sont prises par rapport aux formes différentielles

$$\omega_0 = \frac{dz}{z}, \quad \omega_1 = \frac{dz}{1-z} \quad \text{et} \quad \omega_2 = dz. \tag{4.7}$$

Ces fonctions sont en fait des fonctions génératrices des polylogarithmes et leurs généralisations et permettent d'obtenir des sommations originales [74, 75, 70, 71]. Une autre conséquence de ce fait est l'étude des fonctions de *type hypergéométrique* (la monodromie, le développement asymptotique, les équations fonctionnelles, ...) peut donc suivre les schémas de la section 4.2. Mais nous nous heurtons actuellement à l'incompréhension du cas négatif de la question 1.3.1 (corollary 3.4.1) : peut on définir les fonctions hypergéométriques avec seulement les formes différentielles ω_0 et ω_1 de (4.7) ?

4.2   Polylogarithmes

4.2.1   Polylogarithmes classiques, polylogarithmes de Nielsen et d'autres généralisations

Les polylogarithmes classiques et les polylogarithmes de Nielsen généralisent, en fait, le *dilogarithme*, appelé *fonction de Legendre* par Nielsen [111] (chez les physiciens, il est connu comme la fonction de Spence [103]). Il est connu depuis Leibniz en 1696, puis par Euler, Abel, Hill, Jonquière, Kummer, Lindelöf, Lobachev [103]. Le polylogarithme d'ordre $n \geq 1$, c'est-à-dire la fonction définie, par la série entière [103]

$$\mathrm{Li}_n(z) = \sum_{k \geq 0} \frac{z^k}{k^n}, \quad |z| < 1. \tag{4.8}$$

Pour $n > 1$, la valeur en $z = 1$ de cette somme donne la fonction zêta de Riemann (voir section 5.4) :

$$\zeta(n) = \mathrm{Li}_n(1). \tag{4.9}$$

Ces polylogarithmes classiques sont, en fait, des intégrales itérées impropres de formes différentielles à pôles logarithmiques à l'infini sur $\mathcal{P}_1(\mathbb{C}) \smallsetminus \{0, 1, \infty\}$:

$$\mathrm{Li}_1(z) = \log\left(\frac{1}{1-z}\right), \qquad \mathrm{Li}_n(z) = \int_0^z \mathrm{Li}_{n-1}(s)\frac{ds}{s}. \tag{4.10}$$

Sous cette forme, le polylogarithme $\mathrm{Li}_n(z)$ se prolonge en une fonction multivaluée sur $\mathcal{P}_1(\mathbb{C}) \smallsetminus \{0, 1, \infty\}$. D'après la définition du polylogarithme classique $\mathrm{Li}_n(z)$ par les intégrales itérées, nous considérons cette fonction comme l'évaluation du mot $x_1 x_0^{n-1}$ par rapport aux formes différentielles $\omega_0 = dz/z$ et $\omega_1 = dz/(1-z)$. Nous notons encore $\mathrm{Li}_n(z)$ par $\mathrm{Li}_{x_1 x_0^{n-1}}(z)$ [74] :

$$\mathrm{Li}_n(z) = \mathrm{Li}_{x_1 x_0^{n-1}}(z) = \alpha_0^z(x_1 x_0^{n-1}). \tag{4.11}$$

Une représentation de $\mathrm{Li}_{x_1 x_0^{n-1}}(z)$ par une intégrale peut être obtenue par le lemme de convolution [69] suivi par un changement de variable $s := z/s$:

$$\mathrm{Li}_n(z) = \frac{1}{\Gamma(n)} \int_0^z \log^{n-1}\left(\frac{z}{s}\right)\frac{ds}{1-s} = \frac{(-1)^{n-1}}{\Gamma(n)} \int_0^1 \log^{n-1}(s)\frac{z\,ds}{1-zs}. \tag{4.12}$$

Nielsen a étudié aussi le polylogarithme $L_{n,p}(z)$ qui est défini récursivement comme suit (notons que $L_{n,1}(z) = \mathrm{Li}_{n+1}(z)$) :

$$L_{0,p}(z) = \frac{1}{p!} \log^p\left(\frac{1}{1-z}\right), L_{n,p}(z) = \int_0^z L_{n-1,p}(s)\frac{ds}{s}. \tag{4.13}$$

Le polylogarithme de Nielsen admet également un développement en série entière

$$L_{n,p}(z) = \sum_{k \geq 1} \frac{S_k^{(k-p)}}{\Gamma(p)} \frac{z^k}{k^n}, \tag{4.14}$$

où $S_k^{(k-p)}$ est le nombre de Stirling de première espèce. Nielsen a établi les relations entre les valeurs de ces sommes [3] en $z = 1, z = -1$ et $z = 1/2$ (voir section 5.4). De même, nous appelons également polylogarithme de Nielsen la somme [4] $H_{n,p}(z)$ suivante

$$H_{n,p}(z) = \sum_{k \geq 1} H_{k-1}^{(p)} \frac{z^k}{k^n}, \tag{4.15}$$

où $H_{k-1}^{(p)}$ est le nombre harmonique généralisée. Car Nielsen a également étudié les relations entre les valeurs $H_{n,p}(1)$ et $\mathrm{Li}_n(1)$ [109] (voir section 5.4).

D'après les définitions précédentes de $L_{n,p}(z)$ et de $H_{n,p}(z)$, nous considérons ces fonctions comme l'évaluation des mots $x_1^p x_0^{n-1}$ et $x_1 x_0^{p-1} x_1 x_0^{n-1}$ respectivement par rapport aux formes différentielles ω_0 et ω_1. Nous notons encore $L_{n,p}(z)$ et $H_{n,p}(z)$ par $\mathrm{Li}_{x_1^p x_0^{n-1}}(z)$:

$$L_{n,p}(z) = \mathrm{Li}_{x_1^p x_0^{n-1}}(z) = \alpha_0^z(x_1^p x_0^{n-1}), \tag{4.16}$$

$$H_{n,p}(z) = \mathrm{Li}_{x_1 x_0^{p-1} x_1 x_0^{n-1}}(z) = \alpha_0^z(x_1 x_0^{p-1} x_1 x_0^{n-1}). \tag{4.17}$$

Nous obtenons également une représentation intégrale pour $\mathrm{Li}_{x_1^p x_0^{n-1}}(z)$ et une représentation par intégrale double pour $H_{n,p}(z)$ via le lemme de convolution [69] suivi par des changements de variables du type $s := z/s$:

$$\mathrm{Li}_{x_1^p x_0^{n-1}}(z) = \frac{1}{\Gamma(n)\Gamma(p)} \int_0^z \log^{n-1} \frac{z}{s} \log^{p-1} \frac{1}{1-s} \frac{ds}{1-s} \tag{4.18}$$

$$= \frac{(-1)^{n+p-2}}{\Gamma(n)\Gamma(p)} \int_0^1 \log^{n-1} s \log^{p-1}(1-zs) \frac{zds}{1-zs}, \tag{4.19}$$

$$\mathrm{Li}_{x_1 x_0^{n-1} x_1 x_0^{p-1}}(z) = \frac{1}{\Gamma(n)\Gamma(p)} \int_0^z \int_0^s \log^{n-1} \frac{s}{r} \log^{p-1} \frac{z}{r} \frac{dr}{1-r} \frac{ds}{1-s} \tag{4.20}$$

$$= \frac{(-1)^{n+p-2}}{\Gamma(n)\Gamma(p)} \int_0^1 \int_0^1 \log^{n-1} r \log^{p-1} s \frac{z^2 dr}{1-zsr} \frac{sds}{1-zs}. \tag{4.21}$$

Plus généralement, nous étudions les polylogarithmes généralisés suivants :

Définition 4.2.1. *Pour tout mot* $w = x_1 x_0^{s_1-1} \ldots x_0^{s_k-1} \in x_1 X^*$, *nous défi-nissons le* polylogarithme de Nielsen $\mathrm{Li}_w(z)$ *comme étant l'intégrale itérée impropre* $\alpha_0^z(w)$ *par rapport aux formes différentielles* $\omega_0 = dz/z$ *et* $\omega_1 = dz/(1-z)$.

---

3. Nielsen note $s_{n,p} = L_{n,p}(1), \sigma_{n,p} = (-1)^p L_{n,p}(-1)$ et $a_{n,p} = L_{n,p}(1/2)$ [109].
4. Nielsen note $c_{n,p} = H_{n,p}(1)$ [109].

Le polylogarithme $\text{Li}_w(z)$ admet également un développement en série :

$$\text{Li}_w(z) = \sum_{0 < n_1 < \ldots < n_k} \frac{z^{n_k}}{n_1^{s_1} \ldots n_k^{s_k}}. \tag{4.22}$$

Nous étendons la définition 4.2.1 à *tous* les mots w de X^* comme suit :

Définition 4.2.2.

$$
\begin{aligned}
\text{Li}_\epsilon(z) &= 1, \\
\text{Li}_{x_0^k}(z) &= \frac{\log^k(z)}{k!}, \quad k \geq 0 \\
\text{Li}_{x_0^k x_1 w}(z) &= \alpha_0^z(\kappa; w), \quad k \geq 0, w \in X^*, \kappa(z) = \int_0^z \frac{\log^k(s)}{k!} \frac{ds}{1-s}.
\end{aligned}
$$

Définition 4.2.3. *Soit* $w = x_1 x_0^{s_1-1} \ldots x_1 x_0^{s_k-1} \in x_1 X^* x_0$. *La* somme Euler-Zagier $\zeta(w)$ *est définie par* [5]

$$\zeta(w) = \text{Li}_w(1) = \sum_{0 < n_1 < \ldots < n_k} \frac{1}{n_1^{s_1} \ldots n_k^{s_k}}.$$

k *est la* profondeur *et* $s = s_1 + \ldots + s_k$ *est le* poids *de* $\zeta(w)$.

Maintenant, à chaque mot $w = x_1 x_0^{s_1-1} \ldots x_1 x_0^{s_k-1} \in x_1 X^*$, nous associons de manière biunivoque, le multi-indice $s = (s_1, \cdots, s_k)$. Ainsi, il convient de noter :

$$\zeta_w = \zeta(w) = \zeta(s_1, \ldots, s_k) \quad \text{et} \quad \text{Li}_w(z) = \text{Li}_{s_1, \ldots, s_k}(z). \tag{4.23}$$

Nous étendons par linéarité la définition 4.2.2 à $\mathbb{Q}\langle X \rangle$ et la définition 4.2.3 à $x_1 \mathbb{Q}\langle X \rangle x_0$ comme suit :

$$\forall P = \sum_{w \in \text{supp} P} \langle P | w \rangle w \in \mathbb{Q}\langle X \rangle, \quad \text{Li}_P(z) = \sum_{w \in \text{supp} P} \langle P | w \rangle \text{Li}_w(z), \tag{4.24}$$

$$\forall Q = \sum_{w \in \text{supp} Q} \langle Q | w \rangle w \in x_1 \mathbb{Q}\langle X \rangle x_0, \quad \zeta(Q) = \sum_{w \in \text{supp} Q} \langle Q | w \rangle \zeta(w). \tag{4.25}$$

A la section 5.4, nous étudierons l'algèbre engendrée par les sommes d'Euler-Zagier (ou encore les MZV). Dans la suite, nous posons la définition suivante qui sera justifiée par le théorème 5.4.1 :

Définition 4.2.4. *Nous posons* $\mathcal{Z}$ *le* $\mathbb{Q}$-*algèbre engendrée par* $i\pi$ *et par les sommes d'Euler-Zagier.*

---

5. Les sommes d'Euler-Zagier sont convergente pour $s_1 > 1$.

4.2.2   Série génératrice non commutative

Les définitions 4.2.1 et 4.2.2 nous permettent d'introduire la série génératrice non commutative des polylogarithmes :

Définition 4.2.5 ([80]).

$$L(z) = \sum_{w \in X^*} \mathrm{Li}_w(z)\, w.$$

Nous montrons que le coefficient de w dans la série $L(\varepsilon)$ est borné par $O(\varepsilon^n log^m \varepsilon)$, quand $\varepsilon \to 0^+$, où n et m sont les nombres (strictement positifs) d'occurences dans w des lettres x_1 et x_0 respectivement. Par conséquent, d'après la définition 4.2.2 et d'après la proposition 3.5.2, nous avons :

La série génératrice $L(z)$ satisfait l'équation de Drinfel'd, $i.e.$ l'équation différentielle suivante [80] :

$$\frac{d}{dz} L(z) \;=\; L(z)\left(\frac{x_0}{z} + \frac{x_1}{1-z} \right), \tag{4.26}$$

$$L(\varepsilon) \;=\; e^{x_0 \log \varepsilon} + O(\sqrt{\varepsilon}) \quad \text{si } \varepsilon \to 0^+. \tag{4.27}$$

D'après la condition (4.27), pour $z \to 0^+$, nous déduisons [6] :

$$L(\varepsilon) e^{-x_0 \log \varepsilon} \;=\; 1 + O(\sqrt{\varepsilon}) e^{-x_0 \log \varepsilon}, \tag{4.28}$$

$$e^{-x_0 \log \varepsilon} L(\varepsilon) \;=\; 1 + e^{-x_0 \log \varepsilon} O(\sqrt{\varepsilon}). \tag{4.29}$$

Par conséquent :

$$L(\varepsilon) \;\sim\; e^{x_0 \log \varepsilon} \quad \text{si } \varepsilon \to 0^+. \tag{4.30}$$

En d'autres termes, la limite de $L(z)$ quand $z \in \mathbb{R}, z \to 0^+$ est une exponentielle de Lie. Cette condition nous permet de montrer que :

Théorème 4.2.1 ([80]). *La série génératrice $L(z)$ est une exponentielle de Lie.*

D'après le théorème de Ree (théorème 2.5.1), nous en déduisons que la série génératrice $L(z)$ satisfait le critère de Friedrichs :

Corollaire 4.2.1.

$$\forall u, v \in X^*, \quad \mathrm{Li}_{u \shuffle v} = \mathrm{Li}_u\, \mathrm{Li}_v.$$

D'après le théorème de Schützenberger (théorème 2.5.2), nous déduisons également :

---

6. $L(\varepsilon)$ est une série formelle en variables non commutatives.

Corollaire 4.2.2.

$$L(z) = e^{\log(z)x_0} L_{reg}(z) e^{-\log(1-z)x_1},$$

$$\text{où} \quad L_{reg}(z) = \prod_{l \in S \smallsetminus \{x_0, x_1\}} e^{\operatorname{Li}_{R_l}(z)Q_l}, \quad \textit{(lexicographique inverse croissant)}.$$

Puisque pour tout mot $l \in S \smallsetminus \{x_0, x_1\}$, l'intégrale itérée $\zeta(R_l) = \operatorname{Li}_{R_l}(1)$ est convergente, nous pouvons alors poser Z la série suivante qui correspond à la série Φ_{KZ} de Drinfel'd [37] :

Définition 4.2.6 ([80]).

$$Z = \prod_{l \in S \smallsetminus \{x_0, x_1\}} e^{\zeta(R_l)Q_l}, \quad \textit{(lexicographique inverse croissant)}.$$

Et nous avons :

Théorème 4.2.2 ([80]). *Lorsque $\varepsilon \to 0^+$, le développement asymptotique de la série génératrice des polylogarithmes L est donnée par :*

$$L(1 - \varepsilon) \sim Z e^{-x_1 \log \varepsilon}.$$

Soit z_0 un point de $\mathcal{R}$ que l'on identifie avec sa projection sur $\mathbb{C}$. Soit $z_0 \rightsquigarrow z$ un chemin différentiable $\mathcal{R}$ et soit $S_{z_0 \rightsquigarrow z}$ la série de Chen du chemin $z_0 \rightsquigarrow z$ (voir section 3.5). Les séries $L(z)$ et $L(z_0)S_{z_0 \rightsquigarrow z}$ satisfont l'équation différentielle (4.26) et prennent la même valeur en $z = z_0$. Ceci prouve que

Proposition 4.2.1 ([80]). *Pour tout chemin $z_0 \rightsquigarrow z$ dans $\mathcal{R}$, nous avons :*

$$L(z) = L(z_0)S_{z_0 \rightsquigarrow z}.$$

D'après les formules (4.31) et (4.31) nous avons le développement asymptotique :

Corollaire 4.2.3.

$$S_{\varepsilon \rightsquigarrow 1-\varepsilon} \sim e^{-x_1 \log \varepsilon} Z e^{-x_0 \log \varepsilon}, \quad \text{pour } \varepsilon \to 0^+.$$

Cette renormalisation peut être obtenue plus classiquement par un procédé de régularisation comme suit : considérons le $\mathbb{C}$-morphisme

$$\rho : \mathbb{C}[\varepsilon, \log \varepsilon] \longrightarrow \mathbb{C} \tag{4.31}$$

qui à tout polynôme de $\mathbb{C}[\varepsilon, \log \varepsilon]$ associe son terme constant. Ce morphisme s'étend de manière naturelle aux séries en un $\mathbb{C}$-morphisme :

$$\rho : \mathbb{C}[\varepsilon, \log \varepsilon]\langle\langle X \rangle\rangle \longrightarrow \mathbb{C}\langle\langle X \rangle\rangle. \tag{4.32}$$

La formule (4.31) prouve que la série Z renormalise la série de Chen $S_{\varepsilon \rightsquigarrow 1-\varepsilon}$ ie.

$$Z = \rho(S_{\varepsilon \rightsquigarrow 1-\varepsilon}). \tag{4.33}$$

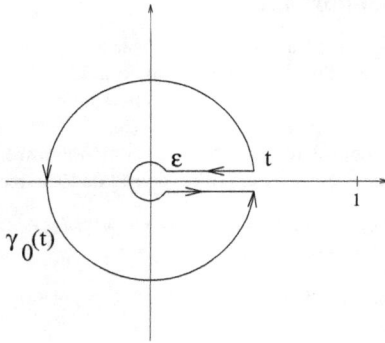

FIGURE 4.1 – Chemin d'intégration $\gamma_0(t)$

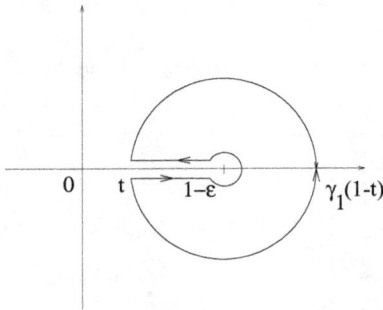

FIGURE 4.2 – Chemin d'intégration $\gamma_1(t)$

4.2.3 Calcul de la monodromie

Nous étudions le prolongement analytique de la série $L(z)$ le long d'un chemin fermé. D'après (4.31), ceci permet de calculer la monodromie grâce à la série de Chen du chemin considéré. Nous montrons que la série de Chen d'un chemin circulaire de rayon ε autour de la singularité $z = 0$ (resp. $z = 1$) est égale à $e^{2i\pi x_0} + O(\varepsilon)$ (resp. $e^{-2i\pi x_1} + O(\varepsilon)$). Les figures 4.1 et 4.2.3 indiquent les chemins considérés pour calculer la monodromie correspondant à un tour autour de chacune des singularités en partant d'un point t de l'axe réel. Le calcul donne :

Théorème 4.2.3 ([80]). *La monodromie $\mathcal{M}_0 L(t)$ (resp. $\mathcal{M}_1 L(t)$) de la série $L(z)$ correspondant à un tour autour de $z = 0$ (resp. $z = 1$) est donnée par :*

$$\mathcal{M}_0 L(t) = e^{2i\pi x_0} L(t) \quad et \quad \mathcal{M}_1 L(t) = e^{2i\pi \mathfrak{m}_1} L(t),$$

où

$$e^{2i\pi \mathfrak{m}_1} = Z e^{-2i\pi x_1} Z^{-1}.$$

En utilisant la factorisation de la série Z donnée par (4.31) et les propriétés classiques de la représentation adjointe d'un groupe de Lie [22] :

$$e^a e^b e^{-a} = e^{e^{\mathrm{ad}_a} b}, \tag{4.34}$$

on obtient :

Proposition 4.2.2 ([80]).

$$\mathfrak{m}_1 = \prod_{l \in S \setminus \{x_0, x_1\}} e^{-\zeta(R_l) \operatorname{ad} Q_l}(-x_1) \quad (\text{lexicographique inverse croissant}).$$

Exemple 4.2.1. *A titre d'exemple, voici le développement de $\mathfrak{m}_1$ à l'ordre 6 :*

$$
\begin{aligned}
\mathfrak{m}_1 \; = \; & -x_1 + \zeta(x_1 x_0) P_{x_1^2 x_0} + \zeta(x_1 x_0^2) P_{x_1^2 x_0^2} + \zeta(x_1^2 x_0) P_{x_1^3 x_0} + \zeta(x_1 x_0^3) P_{x_1^2 x_0^3} \\
& - \; \zeta(x_1 x_0^3) P_{x_1 x_0 x_1 x_0^2} + \zeta(x_1^2 x_0^2) P_{x_1^3 x_0^2} + (\zeta(x_1^2 x_0^2) - \tfrac{1}{2}\zeta(x_1^2 x_0)) P_{x_1^2 x_0 x_1 x_0} \\
& + \; \zeta(x_1^3 x_0) P_{x_1^4 x_0} + \zeta(x_1 x_0^4) P_{x_1^2 x_0^4} - 2\zeta(x_1 x_0^4) P_{x_1 x_0 x_1 x_0^3} \\
& + \; \zeta(x_1^2 x_0^3) P_{x_1^3 x_0^3} + (3\zeta(x_1^2 x_0^3) + \zeta(x_1 x_0 x_1 x_0^2)) P_{x_1^2 x_0 x_1 x_0^2} \\
& + \; (3\zeta(x_1^2 x_0^3) + \zeta(x_1 x_0)\zeta(x_1 x_0^2) + 2\zeta(x_1 x_0 x_1 x_0^2)) P_{x_1 x_0 x_1^2 x_0^2} \\
& + \; \zeta(x_1^3 x_0^2) P_{x_1^4 x_0^2} + (4\zeta(x_1^3 x_0^2) + \zeta(x_1^2 x_0 X_1 x_0)) P_{x_1^3 x_0 x_1 x_0} + \zeta(x_1^4 x_0) P_{x_1^5 x_0}.
\end{aligned}
$$

A partir de (4.2.3), nous déduisons un algorithme pour calculer la monodromie du polylogarithme Li_l :

1. Calculer la série de Lie m_1 jusque l'ordre n.
2. Calculer le développement de Taylor de $e^{2i\pi m_1}$.
3. Calculer

$$\mathcal{M}_1 \operatorname{Li}_l = \sum_{uv=l} \operatorname{Li}_u \langle e^{2i\pi m_1} | v \rangle. \tag{4.35}$$

Et nous avons :

Corollaire 4.2.4. *La monodromie des polylogarithmes est donnée par*

$$\forall w \in X^*, \quad \begin{aligned} \mathcal{M}_0 L_{x_1 w} &= L_{x_1 w} \\ \mathcal{M}_1 L_{x_0 w} &= L_{x_0 w} + R \\ \mathcal{M}_0 L_{x_0 w} &= L_{x_0 w} + 2i\pi L_w + R' \\ \mathcal{M}_1 L_{x_1 w} &= L_{x_1 w} - 2i\pi L_w + R'' \end{aligned}$$

où les "restes" R, R' et R'' sont des combinaisons linéaires de polylogarithmes indicés par les mots strictement plus courts que w.

Corollaire 4.2.5. *Le groupe de monodromie des polylogarithmes $\{\operatorname{Li}_w\}_{|w|<n}$ est nilpotent d'ordre $n + 1$.*

Exemple 4.2.2 ([80]). *Nielsen a donné la monodromie en 1 de Li_n [111] :*

$$\mathcal{M}_1 \operatorname{Li}_n(z) = \operatorname{Li}_n(z) - 2i\pi \frac{\log^n(z)}{n!}.$$

Pour la monodromie des polylogarithmes, grâce à (4.2.3) et (4.35), nous avons les monodromies suivantes (nous avons remplacé $2i\pi$ par p) :

$$\mathcal{M}_1 \operatorname{Li}_n(z) = \operatorname{Li}_n(z) - 2i\pi \frac{\log^n(z)}{n!}.$$

Pour la monodromie des polylogarithmes, grâce à (4.2.3) et (4.35), nous avons les monodromies suivantes (nous avons remplacé $2i\pi$ par p) :

$$\begin{aligned}
\mathcal{M}_1 \operatorname{Li}_{x_0} &= \operatorname{Li}_{x_0} \\
\mathcal{M}_1 \operatorname{Li}_{x_1} &= \operatorname{Li}_{x_1} - p \\
\mathcal{M}_1 \operatorname{Li}_{x_1 x_0} &= \operatorname{Li}_{x_1 x_0} - p \operatorname{Li}_{x_0} \\
\mathcal{M}_1 \operatorname{Li}_{x_1 x_0^2} &= \operatorname{Li}_{x_1 x_0^2} - \frac{p}{2} \operatorname{Li}_{x_0}^2 \\
\mathcal{M}_1 \operatorname{Li}_{x_1^2 x_0} &= \operatorname{Li}_{x_1^2 x_0} - p \operatorname{Li}_{x_1 x_0} + \frac{p^2}{2} \operatorname{Li}_{x_0} + p \zeta_{x_1 x_0} \\
\mathcal{M}_1 \operatorname{Li}_{x_1 x_0^3} &= \operatorname{Li}_{x_1 x_0^3} - \frac{p}{6} \operatorname{Li}_{x_0}^3
\end{aligned}$$

$$\mathcal{M}_1 \operatorname{Li}_{x_1^2 x_0^2} = \operatorname{Li}_{x_1^2 x_0^2} - p \operatorname{Li}_{x_1 x_0^2} + \frac{p^2}{4} \operatorname{Li}_{x_0}^2 + p\zeta_{x_1 x_0} \operatorname{Li}_{x_0} + p\zeta_{x_1 x_0^2}$$

$$\mathcal{M}_1 \operatorname{Li}_{x_1^3 x_0} = \operatorname{Li}_{x_1^3 x_0} - p \operatorname{Li}_{x_1^2 x_0} + \frac{p^2}{2} \operatorname{Li}_{x_1 x_0} - \frac{p^3}{6} \operatorname{Li}_{x_0} + p\zeta_{x_1^2 x_0}$$
$$\qquad - \frac{p^2}{2} \zeta_{x_1 x_0}$$

$$\mathcal{M}_1 \operatorname{Li}_{x_1 x_0^4} = \operatorname{Li}_{x_1 x_0^4} - \frac{p}{24} \operatorname{Li}_{x_0}^4$$

$$\mathcal{M}_1 \operatorname{Li}_{x_1^2 x_0^3} = \operatorname{Li}_{x_1^2 x_0^3} - p \operatorname{Li}_{x_1 x_0^3} + \frac{p^2}{12} \operatorname{Li}_{x_0}^3 + \frac{p}{2} \zeta_{x_1 x_0} \operatorname{Li}_{x_0}^2$$
$$\qquad + p\zeta_{x_1 x_0^2} \operatorname{Li}_{x_0} + p\zeta_{x_1 x_0^3}$$

$$\mathcal{M}_1 \operatorname{Li}_{x_1 x_0 x_1 x_0^2} = \operatorname{Li}_{x_1 x_0 x_1 x_0^2} + 3 \operatorname{Li}_{x_1 x_0^3} - p \operatorname{Li}_{x_0} \operatorname{Li}_{x_1 x_0^2} - p\zeta_{x_1 x_0} \operatorname{Li}_{x_0}^2$$
$$\qquad - 2p\zeta_{x_1 x_0^2} \operatorname{Li}_{x_0} - 3p\zeta_{x_1 x_0^3}$$

$$\mathcal{M}_1 \operatorname{Li}_{x_1^3 x_0^2} = \operatorname{Li}_{x_1^3 x_0^2} - p \operatorname{Li}_{x_1^2 x_0^2} + \frac{p^2}{2} \operatorname{Li}_{x_1 x_0^2} - \frac{p^3}{12} \operatorname{Li}_{x_0}^2$$
$$\qquad + \left(p\zeta_{x_1^2 x_0} - \frac{p^2}{2} \zeta_{x_1 x_0} \right) \operatorname{Li}_{x_0} + p\zeta_{x_1^2 x_0^2} - \frac{p^2}{2} \zeta_{x_1 x_0^2}$$

$$\mathcal{M}_1 \operatorname{Li}_{x_1^2 x_0 x_1 x_0} = \operatorname{Li}_{x_1^2 x_0 x_1 x_0} + 2p \operatorname{Li}_{x_1^2 x_0^2} - p^2 \operatorname{Li}_{x_1 x_0^2} - \frac{p}{2} \operatorname{Li}_{x_1^2 x_0}$$
$$\qquad + \left(\frac{p^2}{2} \operatorname{Li}_{x_0} + p\zeta_{x_1 x_0} \right) \operatorname{Li}_{x_1 x_0} + \left(-3p\zeta_{x_1^2 x_0} + \frac{p^2}{2} \zeta_{x_1 x_0} \right) \operatorname{Li}_{x_0}$$
$$\qquad - 2p\zeta_{x_1^2 x_0^2} + p^2 \zeta_{x_1 x_0^2} - \frac{p}{2} \zeta_{x_1 x_0}^2$$

$$\mathcal{M}_1 \operatorname{Li}_{x_1^4 x_0} = \operatorname{Li}_{x_1^4 x_0} - p \operatorname{Li}_{x_1^3 x_0} + \frac{p^2}{2} \operatorname{Li}_{x_1^2 x_0} - \frac{p^3}{6} \operatorname{Li}_{x_1 x_0} + \frac{p^4}{24} \operatorname{Li}_{x_0}$$
$$\qquad + p\zeta_{x_1^3 x_0} - \frac{p^2}{2} \zeta_{x_1^2 x_0} + \frac{p^3}{6} \zeta_{x_1 x_0}$$

Par conséquent, le calcul de la monodromie des polylogarithmes fait apparaître les sommes d'Euler-Zagier et leurs relations (voir section 5.4).

4.2.4 Théorème de structure

Soit $n \in \mathbb{N}$. Considérons la relation $\mathbb{C}$-linéaire suivante entre les $\operatorname{Li}_w(z)$, pour des mots w vérifiant $|w| \le n$:

$$\sum_{w \in X^*, |w| \le n} \lambda_w \operatorname{Li}_w(z) = 0, \quad \lambda_w \in \mathbb{C} \tag{4.36}$$

qui peut encore s'écrire :

$$\lambda_\epsilon + \sum_{|u| < n} \lambda_{x_0 u} \operatorname{Li}_{x_0 u} + \sum_{|u| < n} \lambda_{x_1 u} \operatorname{Li}_{x_1 u} = 0. \tag{4.37}$$

Pour $n = 0$, puisque $\operatorname{Li}_\epsilon(z) = 1$ on en déduit que $\lambda_\epsilon = 0$. Supposons que jusqu'au rang $n-1$, l'expression de la forme (4.36) entraîne la nullité des λ_w. D'après corollary 4.2.4, appliquons les opérateurs $(\mathcal{M}_0 - \mathrm{Id})$ et $(\mathrm{Id} - \mathcal{M}_1)$ à l'expression (4.37), nous obtenons respectivement :

$$2\mathrm{i}\pi \sum_{|u|=n-1} \lambda_{x_0 u} \mathrm{Li}_u + R_1 = 0 \quad \text{et} \quad 2\mathrm{i}\pi \sum_{|u|=n-1} \lambda_{x_1 u} \mathrm{Li}_u + R_2 = 0, \tag{4.38}$$

où les restes R_1 et R_2 (voir corollary 4.2.4) sont des combinaisons linéaires de polylogarithmes indicés par les mots de longueur strictement plus petite que $n-1$. Par hypothèse de récurrence, nous déduisons que les coefficients $\lambda_{x_0 u}$ et $\lambda_{x_1 u}$ sont nuls pour $|u| = n-1$. D'où :

Proposition 4.2.3 ([80]). *Les polylogarithmes $\{\mathrm{Li}_w\}_{w \in X^*}$ sont $\mathbb{C}$-linéairement indépendants.*

Théorème 4.2.4 ([80]). *La $\mathbb{C}$-algèbre des polylogarithmes est isomorphe à l'algèbre de mélange $\mathrm{Sh}_{\mathbb{C}}\langle X \rangle$.*

En effet, le noyau du morphisme α de l'algèbre de mélange $\mathrm{Sh}_{\mathbb{C}}\langle X \rangle$ dans la $\mathbb{Q}$-algèbre engendrée par les polylogarithmes est nul. Les conséquences de ce théorème sont importantes car l'algèbre de mélange est une algèbre commutative libre dont on connaît de nombreuses bases de transcendance comme l'ensemble des mots de Lyndon-Širšov.

Corollaire 4.2.6. *Les polylogarithmes $\{\mathrm{Li}_l\}_{l \in S}$ forment une base de transcendance de l'algèbre des polylogarithmes.*

Dans la suite de nos travaux, les calculs et les algorithmes seront effectués alors dans la base de Lyndon-Širšov car le théorème de Radford permet de décomposer chaque polylogarithme dans cette base.

Exemple 4.2.3. *D'après l'exemple 2.3.1, nous avons les relations algébriques suivantes entre les polylogarithmes :*

$$\begin{aligned}
\mathrm{Li}_{2,2} &= -2\,\mathrm{Li}_{1,3} + \frac{1}{2}\,\mathrm{Li}_2^2, \\
\mathrm{Li}_{3,2} &= -3\,\mathrm{Li}_{2,3} - 6\,\mathrm{Li}_{1,4} + \mathrm{Li}_2\,\mathrm{Li}_3, \\
\mathrm{Li}_{3,3} &= -3\,\mathrm{Li}_{2,4} - 6\,\mathrm{Li}_{1,5} + \frac{1}{2}\,\mathrm{Li}_3^2, \\
\mathrm{Li}_{4,2} &= 2\,\mathrm{Li}_{2,4} + 4\,\mathrm{Li}_{1,5} + \mathrm{Li}_2\,\mathrm{Li}_4 - \mathrm{Li}_3^2, \\
\mathrm{Li}_{4,3} &= -4\,\mathrm{Li}_{3,4} - 10\,\mathrm{Li}_{2,5} - 20\,\mathrm{Li}_{1,6} + \mathrm{Li}_3\,\mathrm{Li}_4, \\
\mathrm{Li}_{4,4} &= -4\,\mathrm{Li}_{3,5} - 10\,\mathrm{Li}_{2,6} - 20\,\mathrm{Li}_{1,7} + \frac{1}{2}\,\mathrm{Li}_4^2, \\
\mathrm{Li}_{5,2} &= 5\,\mathrm{Li}_{3,4} + 15\,\mathrm{Li}_{2,5} + 30\,\mathrm{Li}_{1,6} + \mathrm{Li}_2\,\mathrm{Li}_5 - \mathrm{Li}_3\,\mathrm{Li}_4, \\
\mathrm{Li}_{5,3} &= 5\,\mathrm{Li}_{3,5} + 15\,\mathrm{Li}_{2,6} + 30\,\mathrm{Li}_{1,7} + \mathrm{Li}_3\,\mathrm{Li}_5 - \frac{3}{2}\,\mathrm{Li}_4^2, \\
\mathrm{Li}_{5,4} &= -5\,\mathrm{Li}_{4,5} - 15\,\mathrm{Li}_{3,6} - 35\,\mathrm{Li}_{2,7} - 70\,\mathrm{Li}_{1,8} + \mathrm{Li}_4\,\mathrm{Li}_5, \\
\mathrm{Li}_{5,5} &= -5\,\mathrm{Li}_{4,6} - 15\,\mathrm{Li}_{3,7} - 35\,\mathrm{Li}_{2,8} - 70\,\mathrm{Li}_{1,9} + \frac{1}{2}\,\mathrm{Li}_5^2.
\end{aligned}$$

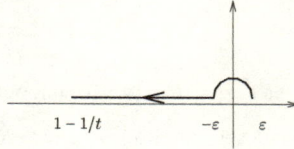

FIGURE 4.3 – Changement $t \mapsto 1 - 1/t$

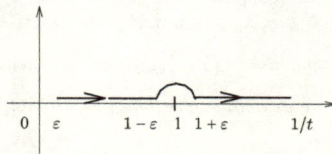

FIGURE 4.4 – Changement $t \mapsto 1/t$

4.2.5   Equations fonctionnelles des polylogarithmes

On considère le groupe du birapport $\mathcal{G}$ engendré par les transformations projectives de la droite complexe $P^1\mathbb{C}$ qui laissent globalement invariants les singularités $0, 1, \infty$:

$$\mathcal{G} = \left\{ z, \frac{1}{z}, \frac{z-1}{z}, \frac{z}{z-1}, \frac{1}{1-z}, 1-z \right\}. \tag{4.39}$$

Un élément $g \in \mathcal{G}$ est déterminé par son action sur ces trois points. L'image réciproque de ω_0 et de ω_1 vaut :

$$g^*\omega_0 = \frac{dg(z)}{g(z)} \quad \text{et} \quad g^*\omega_1 = \frac{dg(z)}{1 - g(z)}. \tag{4.40}$$

Dans la suite, nous notons $g_*L(t)$ par $L(g_*x_0, g_*x_1|t)$ et g_*Z par $Z(g_*x_0, g_*x_1)$.

Les formules suivantes permettent de calculer les polylogarithmes en $1 - t$, $1/t$ et $1 - 1/t$, grâce à la formule de Baker-Campbell-Hausdorff, en fonction des polylogarithmes en t lorsque t est un nombre réel compris entre 0 et 1 :

Cas de $\mathrm{Li}_w(1 - t)$. D'après (4.31) nous avons :

$$L(1 - t) = L(1 - \varepsilon) S_{1-\varepsilon \rightsquigarrow 1-t}. \tag{4.41}$$

Pour $g(z) = 1 - z$, nous avons :

$$S_{1-\varepsilon \rightsquigarrow 1-t} = g_* S_{\varepsilon \rightsquigarrow t} = g_*[L^{-1}(\varepsilon)L(t)] = g_*L^{-1}(\varepsilon)g_*L(t). \tag{4.42}$$

Par conséquent :

$$S_{1-\varepsilon \rightsquigarrow 1-t} \sim g_*(e^{-x_0 \log \varepsilon}) g_* L(t).$$ (4.43)

La proposition 3.5.4 donne $g_* x_0 = -x_1, g_* x_1 = -x_0$. Par conséquent :

$$S_{1-\varepsilon \rightsquigarrow 1-t} \sim e^{x_1 \log \varepsilon} g_* L(t).$$ (4.44)

On obtient finalement, en passant à la limite lorsque $\varepsilon \to 0^+$:

Proposition 4.2.4 ([81]). *Pour tout réel $t \in]0, 1[$, on a :*

$$L(1-t) = ZL(-x_1, -x_0|t).$$

En particulier, pour $t = 1/2$, nous avons :

$$L(1/2) = ZL(-x_1, -x_0|1/2).$$

Exemple 4.2.4 ([81]).

$$
\begin{aligned}
\log(1-t) &= -\operatorname{Li}_1(t) \\
\operatorname{Li}_1(1-t) &= -\log(t) \\
\operatorname{Li}_2(1-t) &= -\operatorname{Li}_2(t) + \log(t)\operatorname{Li}_1(t) + \zeta(2) \\
\operatorname{Li}_3(1-t) &= -\operatorname{Li}_{1,2}(t) + \operatorname{Li}_1(t)\operatorname{Li}_2(t) - \frac{1}{2}\log(t)\operatorname{Li}_1(t)^2 \\
&\quad - \zeta(2)\operatorname{Li}_1(t) + \zeta(3) \\
\operatorname{Li}_{1,2}(1-t) &= -\operatorname{Li}_3(t) + \log(t)\operatorname{Li}_2(t) - \frac{1}{2}\log(t)^2\operatorname{Li}_1(t) + \zeta(3) \\
\operatorname{Li}_4(1-t) &= -\operatorname{Li}_{1,1,2}(t) + \operatorname{Li}_1(t)\operatorname{Li}_{1,2}(t) - \frac{1}{2}\operatorname{Li}_1(t)^2\operatorname{Li}_2(t) \\
&\quad + \frac{1}{6}\log(t)\operatorname{Li}_1(t)^3 + \frac{1}{2}\zeta(2)\operatorname{Li}_1(t)^2 - \zeta(3)\operatorname{Li}_1(t) \\
&\quad + \frac{2}{5}\zeta(2)^2 \\
\operatorname{Li}_{1,3}(1-t) &= -\operatorname{Li}_{1,3}(t) + \log(t)\operatorname{Li}_{1,2}(t) + \operatorname{Li}_1(t)\operatorname{Li}_3(t) \\
&\quad - \log(t)\operatorname{Li}_1(t)\operatorname{Li}_2(t) + \frac{1}{4}\log(t)^2\operatorname{Li}_1(t)^2 \\
&\quad - \zeta(3)\operatorname{Li}_1(t) + \frac{1}{10}\zeta(2)^2 \\
\operatorname{Li}_{1,1,2}(1-t) &= -\operatorname{Li}_4(t) + \log(t)\operatorname{Li}_3(t) - \frac{1}{2}\log(t)^2\operatorname{Li}_2(t) \\
&\quad + \frac{1}{6}\log(t)^3\operatorname{Li}_1(t) + \frac{2}{5}\zeta(2)^2
\end{aligned}
$$

Cas de $\mathrm{Li}_w(1 - 1/t)$. D'après (4.31) en suivant le chemin de la figure 4.3, nous avons :

$$L(1 - 1/t) = L(\varepsilon)S_{\varepsilon \leadsto -\varepsilon}S_{-\varepsilon \leadsto 1-1/t} = e^{x_0 \log \varepsilon}e^{i\pi x_0}S_{-\varepsilon \leadsto 1-1/t} \tag{4.45}$$

Pour $g(z) = 1 - 1/z$, la proposition 3.5.4 donne $g_* x_0 = -x_0 + x_1, g_* x_1 = -x_0$. Par conséquent :

$$S_{-\varepsilon \leadsto 1-1/t} = g_* S_{1-\varepsilon \leadsto t} = g_*[L^{-1}(1 - \varepsilon)L(t)] = g_*(e^{x_1 \log \varepsilon}Z^{-1}L(t)). \tag{4.46}$$

On obtient finalement, en passant à la limite lorsque $\varepsilon \to 0^+$:

Proposition 4.2.5 ([81]). *Pour tout réel* $t \in]0, 1[$, *on a :*

$$L(1 - 1/t) = e^{i\pi x_0}Z^{-1}(-x_0 + x_1, -x_0)L(-x_0 + x_1, -x_0|t).$$

Exemple 4.2.5 ([81]).

$$\log\left(\frac{t-1}{t}\right) = i\pi - \mathrm{Li}_1(t) - \log(t)$$

$$\mathrm{Li}_1\left(\frac{t-1}{t}\right) = \log(t)$$

$$\mathrm{Li}_2\left(\frac{t-1}{t}\right) = \mathrm{Li}_2(t) - \log(t)\,\mathrm{Li}_1(t) - \zeta(2) - \frac{1}{2}\log(t)^2$$

$$\mathrm{Li}_3\left(\frac{t-1}{t}\right) = \mathrm{Li}_{1,2}(t) - \mathrm{Li}_3(t) - \mathrm{Li}_1(t)\,\mathrm{Li}_2(t) + \frac{1}{2}\log(t)\,\mathrm{Li}_1(t)^2$$
$$+ \left(\zeta(2) + \frac{1}{2}\log(t)^2\right)\mathrm{Li}_1(t) + \log(t)\zeta(2)$$
$$+ \frac{1}{6}\log(t)^3$$

$$\mathrm{Li}_{1,2}\left(\frac{t-1}{t}\right) = -\mathrm{Li}_3(t) + \log(t)\,\mathrm{Li}_2(t) - \frac{1}{2}\log(t)^2\,\mathrm{Li}_1(t)$$
$$+ \zeta(3) - \frac{1}{6}\log(t)^3$$

$$\mathrm{Li}_4\left(\frac{t-1}{t}\right) = \mathrm{Li}_{1,1,2}(t) - \mathrm{Li}_{1,3}(t) - \mathrm{Li}_1(t)\,\mathrm{Li}_{1,2}(t) + \mathrm{Li}_4(t)$$
$$+ \mathrm{Li}_1(t)\,\mathrm{Li}_3(t) + \frac{1}{2}\mathrm{Li}_1(t)^2\,\mathrm{Li}_2(t) - \frac{1}{6}\log(t)\,\mathrm{Li}_1(t)^3$$
$$+ \left(-\frac{1}{2}\zeta(2) - \frac{1}{4}\log(t)^2\right)\mathrm{Li}_1(t)^2$$
$$+ \left(-\log(t)\zeta(2) - \frac{1}{6}\log(t)^3\right)\mathrm{Li}_1(t)$$
$$- \frac{7}{10}\zeta(2)^2 - \frac{1}{2}\log(t)^2\zeta(2) - \frac{1}{24}\log(t)^4$$

$$\mathrm{Li}_{1,3}\left(\frac{t-1}{t}\right) = -\mathrm{Li}_{1,3}(t) + \log(t)\,\mathrm{Li}_{1,2}(t) + 2\,\mathrm{Li}_4(t)$$
$$+ (\mathrm{Li}_1(t) - \log(t))\,\mathrm{Li}_3(t)$$

$$
\begin{aligned}
\mathrm{Li}_{1,1,2}\left(\frac{t-1}{t}\right) = \ &- \log(t)\,\mathrm{Li}_1(t)\,\mathrm{Li}_2(t) + \frac{1}{4}\log(t)^2\,\mathrm{Li}_1(t)^2 \\
&+ \left(-\zeta(3) + \frac{1}{6}\log(t)^3\right)\mathrm{Li}_1(t) \\
&- \log(t)\zeta(3) - \frac{7}{10}\zeta(2)^2 + \frac{1}{24}\log(t)^4 \\
&= \mathrm{Li}_4(t) - \log(t)\,\mathrm{Li}_3(t) + \frac{1}{2}\log(t)^2\,\mathrm{Li}_2(t) \\
&- \frac{1}{6}\log(t)^3\,\mathrm{Li}_1(t) - \frac{2}{5}\zeta(2)^2 - \frac{1}{24}\log(t)^4
\end{aligned}
$$

Cas de $\mathrm{Li}_w(1/t)$. D'après (4.31), en suivant le chemin de la figure 4.4, nous avons :

$$
L(1/t) = L(\varepsilon)S_{\varepsilon \leadsto 1-\varepsilon}S_{1-\varepsilon \leadsto 1+\varepsilon}S_{1+\varepsilon \leadsto 1/t} = Z e^{-x_1 \log \varepsilon} e^{i\pi x_1} S_{1+\varepsilon \leadsto 1/t}. \tag{4.47}
$$

Pour $g(z) = 1/z$, la proposition 3.5.4 donne $g_* x_0 = -x_0 + x_1, g_* x_1 = x_1$. Par conséquent :

$$
S_{1+\varepsilon \leadsto 1/t} = g_* S_{1-\varepsilon \leadsto t} = g_*[L^{-1}(1-\varepsilon)L(t)] = g_*[e^{x_1 \log \varepsilon} Z^{-1} L(t)]. \tag{4.48}
$$

On obtient finalement, en passant à la limite lorsque $\varepsilon \to 0^+$:

Proposition 4.2.6 ([81]). *Pour tout réel $t \in]0,1[$, on a :*

$$
L(1/t) = Z e^{i\pi x_1} Z^{-1}(-x_0 + x_1, x_1) L(-x_0 + x_1, x_1 | t).
$$

Exemple 4.2.6 ([81]).

$$
\begin{aligned}
\log\left(\frac{1}{t}\right) &= -\log(t) \\
\mathrm{Li}_1\left(\frac{1}{t}\right) &= i\pi + \mathrm{Li}_1(t) + \log(t) \\
\mathrm{Li}_2\left(\frac{1}{t}\right) &= -\log(t)i\pi - \mathrm{Li}_2(t) + 2\zeta(2) - \frac{1}{2}\log(t)^2 \\
\mathrm{Li}_3\left(\frac{1}{t}\right) &= \frac{1}{2}\log(t)^2 i\pi + \mathrm{Li}_3(t) - 2\log(t)\zeta(2) + \frac{1}{6}\log(t)^3 \\
\mathrm{Li}_{1,2}\left(\frac{1}{t}\right) &= -\frac{1}{2}\log(t)(i\pi)^2 + \left(-\mathrm{Li}_2(t) + \zeta(2) - \frac{1}{2}\log(t)^2\right)i\pi \\
&\quad - \mathrm{Li}_{1,2}(t) + \mathrm{Li}_3(t) - \log(t)\,\mathrm{Li}_2(t) + \zeta(3) - \frac{1}{6}\log(t)^3 \\
\mathrm{Li}_4\left(\frac{1}{t}\right) &= -\frac{1}{6}\log(t)^3 i\pi - \mathrm{Li}_4(t) + \frac{4}{5}\zeta(2)^2 + \log(t)^2 \zeta(2) \\
&\quad - \frac{1}{24}\log(t)^4 \\
\mathrm{Li}_{1,3}\left(\frac{1}{t}\right) &= \frac{1}{4}\log(t)^2(i\pi)^2 + \left(\mathrm{Li}_3(t) - \zeta(3) - \log(t)\zeta(2) + \frac{1}{6}\log(t)^3\right)i\pi \\
&\quad + \mathrm{Li}_{1,3}(t) - 2\,\mathrm{Li}_4(t) + \log(t)\,\mathrm{Li}_3(t) - \log(t)\zeta(3)
\end{aligned}
$$

$$
\begin{aligned}
\mathrm{Li}_{1,1,2}\left(\frac{1}{t}\right) = {} & + \frac{4}{5}\zeta(2)^2 + \frac{1}{24}\log(t)^4 \\
& -\frac{1}{6}\log(t)(\mathrm{i}\pi)^3 + \left(-\frac{1}{2}\mathrm{Li}_2(t) + \frac{1}{2}\zeta(2) - \frac{1}{4}\log(t)^2\right)(\mathrm{i}\pi)^2 \\
& + \left(-\mathrm{Li}_{1,2}(t) + \mathrm{Li}_3(t) - \log(t)\,\mathrm{Li}_2(t) - \frac{1}{6}\log(t)^3\right)\mathrm{i}\pi \\
& - \mathrm{Li}_{1,1,2}(t) + \mathrm{Li}_{3,1}(t) - \log(t)\,\mathrm{Li}_{1,2}(t) - \mathrm{Li}_4(t) \\
& + \log(t)\,\mathrm{Li}_3(t) - \frac{1}{2}\log(t)^2\,\mathrm{Li}_2(t) + \frac{11}{10}\zeta(2)^2 - \frac{1}{24}\log(t)^4
\end{aligned}
$$

D'après les propositions 4.2.4, 4.2.5, 4.2.6, nous avons :

Théorème 4.2.5. *Pour tout mot $w \in X^*$ et pour tout g élément du groupe du birapport :*

$$
\mathcal{G} = \left\{ z, \frac{1}{z}, \frac{z-1}{z}, \frac{z}{z-1}, \frac{1}{1-z}, 1-z \right\},
$$

le polylogarithme $\mathrm{Li}_w(g(z))$ est un polynôme en les polylogarithmes indicés par les mots de Lyndon-Širšov et à coefficients dans $\mathcal{Z}$.

Par conséquent, les équations fonctionnelles (définies par le groupe du birapport) des polylogarithmes font intervenir les sommes d'Euler-Zagier et leur relations (voir section 5.4).

Nous déduisons également du théorème 4.2.5 une procédure pour déterminer des équations fonctionnelles des polylogarithmes considérées au théorème 4.2.5 :

Question 4.2.1. *Soit $w \in x_0 X^* x_1$ un mot fixé. Soit $\mathcal{E} \subset \mathcal{S}_{<|w|}$. Existe-t-il les nombres rationnels $r_i, i = 0..5$, tels que la somme suivante*

$$
\sum_{i=0}^{5} r_i \, \mathrm{Li}_w(g_i(z)), \quad g_i \in \mathcal{G},
$$

soit une constante ou soit un polynôme en les éléments de $\{\mathrm{Li}_l\}_{l\in\mathcal{E}}$ et à coefficients dans $\mathcal{Z}$?

D'après le théorème 4.2.5, pour tout $g \in \mathcal{G}$, le polylogarithme $\mathrm{Li}_w(g)$ est un polynôme en les polylogarithmes indicés par les mots de Lyndon-Širšov et à coefficients dans $\mathcal{Z}$. Soient alors $P_i, i = 0..5$, les codages de $\mathrm{Li}_w(g_i), i = 0..5$, respectivement dans la base Lyndon-Širšov. Par conséquent, la question 4.2.1 peut être traduite en une question de chercher les nombres rationnels $r_i, i = 0..5$, tels que le polynôme

$$
P = \sum_{i=0}^{5} r_i P_i \tag{4.49}
$$

soit un polynôme (pour le produit de mélange) de degré au plus $|w|$ en les éléments de $\mathcal{E}$ et à coefficients dans $\mathcal{Z}$. Par conséquent[7] :

---

7. "$[l]\lhd$" est une dérivation pour le produit de mélange.

Lemme 4.2.1. *Pour tout mot de Lyndon-Širšov* $l \in \mathcal{S}_{\leq |w|} \smallsetminus \mathcal{E}$, *on a :*

$$[l] \triangleleft P = 0.$$

D'après le théorème de Radford, un polynôme écrit dans la base Lyndon-Širšov $\mathcal{S}$ est nul si et seulement si les coefficients de ce polynôme dans cette base sont nuls. Cela conduit à un algorithme pour déterminer les nombres rationnels $\{r_i\}_{i=0..5}$ répondant à la question 4.2.1. Plus précisément :

- On calcule les polynômes P_i, puis le polynôme P à coefficients $\{r_i\}_{i=0..5}$ indéterminés.
- On résoud, pour les inconnues $\{r_i\}_{i=0..5}$, le système

$$[l] \triangleleft P = 0, \quad l \in \mathcal{S}_{\leq |w|} \smallsetminus \mathcal{E}, \tag{4.50}$$

Cettte résolution est possible si l'on dispose de la table des relations entre les sommes d'Euler-Zagier de poids inférieur à $|w|$:

Théorème 4.2.6. *Nous considérons le groupe du birapport :*

$$\mathcal{G} = \left\{ z, \frac{1}{z}, \frac{z-1}{z}, \frac{z}{z-1}, \frac{1}{1-z}, 1-z \right\}.$$

Soit $w \in x_0 X^* x_1$ *un mot fixé. Si la conjecture 5.4.3 est vraie alors la question 4.2.1 est* décidable.

La question 4.2.1 peut être étendue à un ensemble $\{\mathrm{Li}_w\}_{w \in \text{ensemble fini}}$.

4.2.6 Comportement asymptotique

D'après le théorème 4.2.2, nous avons :

Proposition 4.2.7 ([80]). *Pour tout mot de Lyndon-Širšov* $l \in x_1 X^* x_0$, *nous avons :*

$$\mathrm{Li}_l(1 - \varepsilon) \sim \zeta(l) \quad si \, \varepsilon \to 0^+.$$

Le théorème de Radford [117, 119] permet de calculer, en conséquence, le comportement asymptotique en $z = 1$ des autres polylogarithmes Li_w.

Exemple 4.2.7. *Pour* $\varepsilon \to 0^+$, *nous avons :*

$$\mathrm{Li}_{x_0}(1 - \varepsilon) \sim -\varepsilon \quad et \quad \mathrm{Li}_{x_1}(1 - \varepsilon) \sim -\log \varepsilon.$$

Considérons le mot $x_0 x_1^2$. *Le théorème de Radford nous donne :*

$$x_0 x_1^2 = x_1^2 x_0 - x_1 \shuffle x_1 x_0 + 1/2 \, x_0 \shuffle x_1^{\shuffle 2}.$$

Par conséquent :

$$\mathrm{Li}_{x_0 x_1^2}(1-\varepsilon) \sim \zeta(2,1) + \zeta(2)\log\varepsilon - \frac{1}{2}\varepsilon\log^2\varepsilon + \dots$$

D'après une identité d'Euler $\zeta(3) = \zeta(2,1)$, *nous déduisons aussi :*

$$\mathrm{Li}_{x_0 x_1^2}(1-\varepsilon) \sim \zeta(3) + \zeta(2)\log\varepsilon - \frac{1}{2}\varepsilon\log^2\varepsilon + \dots$$

Par conséquent, l'étude du comportement asymptotique en $z = 1$ des polylogarithmes conduit aux sommes d'Euler-Zagier et leurs relations (voir section 5.4). Elle est déterminée par le théorème 4.2.2.

D'après le corollary 4.2.6 et la proposition 4.2.7, nous avons :

Théorème 4.2.7. *Si la conjecture 5.4.3 est vraie alors, pour tout mot* $w \in X^*$, *le comportement asymptotique du polylogarithme* $\mathrm{Li}_w(1-\varepsilon)$ *lorsque* $\varepsilon \to 0^+$ *est un polynôme à coefficients dans* $\mathbb{Z}$.

Maintenant, d'après la proposition 4.2.5, faisons $t \to 0^+$ et compte-tenu de (4.27), nous obtenons une précision de la majoration de [138] :

$$L(\frac{-1}{\varepsilon}) = e^{(-x_0+x_1)\log\varepsilon}Z^{-1}(x_1-x_0,-x_0)e^{i\pi x_0} + O(\sqrt{\varepsilon}), \text{ pour } \varepsilon \to 0^+. \tag{4.51}$$

Théorème 4.2.8 ([80]). *Lorsque* $\varepsilon \to 0^+$, *pour tout* $w \in X^*$ *de longueur* n, *la partie finie du polylogarithme* $L_w(t)$ *lorsque* $t \to -\infty$ *est donnée par :*

$$L_w(-1/\varepsilon) \sim \frac{(-1)^{|w|_{x_0}}}{n!}\log^n\varepsilon.$$

4.3 Fonctions de Dirichlet

4.3.1 Définition et propriétés de base

Pour systématiser le traitement des polylogarithmes et pour généraliser à d'autres types de fonctions (avec plusieurs singularités finies), nous introduisons les fonctions de Dirichlet de la manière suivante [77] :

Soit $\{f_k\}_{k \geq 1}$ une suite de nombres complexes de fonction génératrice $F(z)$:

$$F(z) = \sum_{k \geq 1} f_k z^k. \tag{4.52}$$

Dans cette partie, nous considérons les deux formes différentielles suivantes :

$$\omega_0 = \frac{dz}{z} \quad \text{et} \quad \omega_{1,F} = F(z)\frac{dz}{z}. \tag{4.53}$$

Nous avons alors :

$$\alpha_0^z(x_1) = \sum_{k \geq 1} \frac{f_k}{k} z^k \quad \text{et} \quad \alpha_0^z(x_1^*) = \exp\left(\sum_{k \geq 1} \frac{f_k}{k} z^k\right). \tag{4.54}$$

Soient $\{\mu_i\}_{i \in I}, \{\nu_i\}_{i \in I}$ deux suites de nombres complexes telles que pour tous entiers $i, j \in I, \nu_i \neq \nu_j$. Alors, l'intégration des fractions rationnelles nous donne :

$$\forall k \geq 1, f_k = \sum_{i \in I} \mu_i \nu_i^k \iff \alpha_{z_0}^z(x_1) = \sum_{i \in I} \mu_i \log\left(\frac{1 - \nu_i z_0}{1 - \nu_i z}\right). \tag{4.55}$$

En plus si les μ_i's sont des entiers alors :

$$\alpha_{z_0}^z(x_1^*) = \exp[\alpha_{z_0}^z(x_1)] = \prod_{i \in I} \left[\frac{1 - \nu_i z_0}{1 - \nu_i z}\right]^{\mu_i}. \tag{4.56}$$

Par conséquent :

Proposition 4.3.1. *Soient* $\{\mu_i\}_{i \in I}, \{\nu_i\}_{i \in I}$ *deux suites de nombres complexes telles que* $\nu_i \neq \nu_j, (i, j \in I)$. *Si les* μ_i's *sont des fractions rationnelles de la forme* d_i/n_i *alors :*

$$\alpha_{z_0}^z(\underbrace{x_1^* \sqcup \ldots \sqcup x_1^*}_{p \, fois}) = \prod_{i \in I} \left[\frac{1 - \nu_i z_0}{1 - \nu_i z}\right]^{p\mu_i},$$

où p *est le p.g.c.d. des* n_i's.

Définition 4.3.1. *Considérons les deux formes différentielles suivantes :*

$$\omega_0 = \frac{dz}{z} \quad \text{et} \quad \omega_{1,F} = F(z)\frac{dz}{z}.$$

Soit n *un entier positif. Nous appelons* fonction de Dirichlet *d'ordre* n *associée à* F, *la fonction* $\text{Di}_{x_1 x_0^{n-1}}^{z_0}(F|z)$ *définie par :*

$$\text{Di}_{x_1 x_0^{n-1}}^{z_0}(F|z) = \alpha_{z_0}^z(x_1 x_0^{n-1}).$$

En particulier, lorsque $z_0 \to 0$, *nous notons* $\text{Di}_{x_1 x_0^{n-1}}(F|z)$ *la fonction :*

$$\text{Di}_{x_1 x_0^{n-1}}(F|z) = \alpha_0^z(x_1 x_0^{n-1}) = \sum_{k \geq 1} \frac{f_k}{k^n} z^k.$$

Comme pour les polylogarithmes $\text{Li}_n(z)$ et lorsqu'il n'y a pas de confusion, nous adopterons également la notation $\text{Di}_n(F|z)$ pour $\text{Di}_{x_1 x_0^{n-1}}(F|z)$ et $\text{Di}_n^{z_0}(F|z)$ pour $\text{Di}_{x_1 x_0^{n-1}}^{z_0}(F|z)$. D'après le théorème 4.2.5, les $\text{Li}_n(g(z)), g \in \mathcal{G}$ sont des polynômes en les polylogarithmes indicés par les mots de Lyndon-Širšov et à coefficients dans $\mathcal{Z}$. Par conséquent, les polylogarithmes sont aussi des fonctions de Dirichlet.

La *fonction génératrice* des fonctions de Dirichlet associées à $F(z)$ peut être obtenue via le théorème de convolution 3.4.3 :

Théorème 4.3.1 ([78]).

$$\sum_{n\geq 0} t^n \operatorname{Di}_{n+1}^{z_0}(F|z) = \int_{z_0}^{z} \sum_{n\geq 0} \frac{1}{n!}\left[t\log\left(\frac{z}{s}\right)\right]^n F(s)\frac{ds}{s}.$$

Par conséquent, si

$$F(z) = F_b(z) = \frac{z}{(1-z)^b} \tag{4.57}$$

alors nous avons :

$$\sum_{n\geq 0} t^n \operatorname{Di}_{n+1}^{z_0}(F_b|z) = z^t \int_{z_0}^{z} \frac{ds}{s^t(1-s)^b} \tag{4.58}$$

et en particulier (pour $z_0 = 0$ et $z = 1$) :

$$\sum_{n\geq 0} t^n \operatorname{Di}_{n+1}(F_b|1) = \int_{0}^{1} \frac{ds}{s^t(1-s)^b}. \tag{4.59}$$

Dans la formule (4.59), si $\Re t + 1, \Re b + 1 > 0$ alors l'intégrale du membre droit correspond à la fonction *bêta* $B(t+1, b+1)$.

Exemple 4.3.1. *Si* $b = 1/2$ *alors, pour tout nombre complexe* $t \notin \mathbb{Z}_+$:

$$
\begin{aligned}
F_{1/2}(z) &= \frac{z}{\sqrt{1-z}} &&= \sum_{k\geq 1} \frac{\Gamma(k-1/2)}{\Gamma(1/2)} \frac{z^k}{(k-1)!}, \\
\operatorname{Di}_n(F_{1/2}|1) &= \sum_{k\geq 1} \frac{\Gamma(k-1/2)}{\Gamma(1/2)\Gamma(k)} \frac{1}{k^n}, \\
\sum_{n\geq 0} t^n \operatorname{Di}_{n+1}(F_{1/2}|1) &= \int_{0}^{1} \frac{ds}{s^t\sqrt{1-s}} &&= \sum_{k\geq 1} \frac{\Gamma(k-1/2)}{\Gamma(1/2)\Gamma(k)} \frac{1}{k-t}.
\end{aligned}
$$

Exemple 4.3.2. *Nous traiterons le cas* $b = 1$ *à la section 4.3.3.*

4.3.2 Fonctions de Dirichlet et polylogarithmes

Avec les notations de la section 4.3.1, nous avons :

Lemme 4.3.1 ([77]). *Le produit de deux fonctions de Dirichlet est une fonction de Dirichlet :*

$$\operatorname{Di}_n(F_i|z) \operatorname{Di}_m(F_j|z) = \sum_{k\geq 1} g_k \frac{z^k}{k^{n+m}},$$

où :

$$g_k = \sum_{l\geq 1}^{k-l} f_{i,l} f_{j,k-l}\left[\sum_{r=0}^{n-1} \binom{m-1+r}{r}\frac{k^{n+r}}{l^{n-r}} + \sum_{s=0}^{m-1} \binom{n-1+s}{s}\frac{k^{m+s}}{l^{m-s}}\right].$$

Corollaire 4.3.1.

$$\mathrm{Di}_n(F_i|z)\,\mathrm{Di}_n(F_j|z) = \sum_{k\geq 1} g_k \frac{z^k}{k^n},$$

où :

$$g_k = 2\sum_{l\geq 1}^{k-l} f_{i,l} f_{j,k-l}\left[\sum_{r=0}^{n-1} \binom{n-1+r}{r}\frac{k^r}{l^{n-r}}\right].$$

En particulier, le produit de deux polylogarihmes est encore une fonction de Dirichlet. Mais

Question 4.3.1. *Comment caractériser une fonction de Dirichlet décomposable en combinaison polynomiale de polylogarithmes classiques ?*

Certaines fonctions de Dirichlet peuvent être décomposées en combinaison linéaire de polylogarithmes classiques :

Théorème 4.3.2 ([77]). *Soit $\{\nu_i\}_{i\in I}$ un ensemble fini de nombres complexes distincts :*

1. Soit $\{\mu_i\}_{i\in I}$ un autre ensemble fini de nombres complexes. Alors :

$$\forall k \geq 1, \qquad f_k = \sum_{i\in I} \mu_i \nu_i^k$$
$$\Longleftrightarrow \quad \forall n \geq 1, \ \ \mathrm{Di}_n^{z_0}(F|z) = \sum_{i\in I} \mu_i \mathrm{Li}_j^{z_0}(\nu_i z).$$

2. Soient $\mu_0, \ldots, \mu_{n-1}$, n nombres complexes. Alors :

$$\forall k \geq 1, \qquad f_k = \sum_{i=0}^{n-1} \mu_i k^i + \sum_{i\in I} \frac{\nu_i}{k^i}$$
$$\Longleftrightarrow \quad \forall j = 1..n, \ \ \mathrm{Di}_j^{z_0}(F|z) = \sum_{i=0}^{n-1} \mu_i \mathrm{Li}_{j-i}^{z_0}(z) + \sum_{i\in I} \nu_i \mathrm{Li}_{j+i}^{z_0}(z).$$

D'après le théorème de structure, nous avons :

Théorème 4.3.3. *Pour tout polynôme P de l'algèbre de mélange $\mathrm{Sh}_\mathbb{Q}\langle X\rangle$, la fonction de Dirichlet suivante (voir section 4.2)*

$$\mathrm{Li}_P(z) = \sum_{w\in\mathrm{supp}\,P} \langle P|w\rangle \mathrm{Li}_w(z)$$

est une combinaison polynomiale en les polylogarithmes classiques si et seulement si P est un polynôme commutatif (pour le produit de mélange) en les mots de Lyndon-Širšov de la forme $x_1 x_0^n$.

Ainsi, bien que les polylogarithmes classiques soient algébriquement indépendants [6, 112], nous avons le résultat suivant :

Corollaire 4.3.2. *Pour tout mot $w \in x_1 X^* x_1 X^*$, le polylogarithme de Nielsen $\mathrm{Li}_w(z)$ ne peut pas être décomposé en terme de polylogarithmes classiques.*

La raison essentielle est que la décomposition de $w \in x_1 X^* x_1 X^*$, dans la base de Lyndon-Širšov, fait intervenir des mots de Lyndon-Širšov qui contiennent au moins deux occurences de x_1 et les polylogarithmes de Nielsen indicés par ces mots sont algébriquement indépendants (voir le théorème de structure).

4.3.3 Sommations des polylogarithmes

Comme applications du théorème 4.3.1, nous prenons :

$$F_1(z) = \frac{z}{1-z}. \tag{4.60}$$

Dans ce cas précis, nous avons :

$$\mathrm{Di}_n(F_1|z) = \mathrm{Li}_n(z) \tag{4.61}$$

Nous notons également :

$$\mathrm{Li}_n^{z_0}(z) = \mathrm{Di}_n^{z_0}(F_1|z) \tag{4.62}$$

et nous avons, par exemple, les sommations suivantes des polylogarithmes :

Théorème 4.3.4 ([69]).

$$\sum_{n\geq0} t^n \mathrm{Li}_{n+1}^{z_0}(z) = \begin{cases} z^t\left[\log\left(\dfrac{z}{z_0}\dfrac{1-z_0}{1-z}\right) - \displaystyle\sum_{k=1}^{t-1}\dfrac{1}{k}\left(\dfrac{1}{z^k} - \dfrac{1}{z_0^k}\right)\right] & si \quad t \in \mathbb{Z}_+^*. \\[3ex] z^t\left[\log\left(\dfrac{1-z_0}{1-z}\right) - \displaystyle\sum_{k=1}^{-t}\dfrac{z^k - z_0^k}{k}\right] & si \quad t \in \mathbb{Z}_-. \\[3ex] \displaystyle\sum_{k\geq1}\dfrac{z^k}{k-t} - \left(\dfrac{z}{z_0}\right)^t\displaystyle\sum_{k\geq1}\dfrac{z_0^k}{k-t} & si \quad t \notin \mathbb{Z}. \end{cases}$$

Par conséquent, nous obtenons les quelques sommations suivantes comme illustration du tableau des transformées de section 3.4.2 (ces sommes proviennent des articles [68, 69] pour diverses applications et sont discutées dans [78]) :

$$\sum_{n\geq0} n\,\mathrm{Li}_{n+1}^{z_0}(z) = z\left[\mathrm{Li}_2^{z_0}(z) + \log\left(\frac{z}{z_0}\right)\log\left(\frac{z_0}{1-z_0}\right)\right]$$

$$+ \frac{1}{2}\left[\log^2(z) - \log^2(z_0)\right]. \tag{4.63}$$

$$\sum_{n\geq 0}(-1)^n n \operatorname{Li}_{n+1}^{z_0}(z) = 1 - \frac{1}{z}\left[\operatorname{Li}_2^{z_0}(z)\right.$$
$$\left. - \left[\log(1 - z_0) + z_0\right]\log\left(\frac{z_0}{z}\right) + z_0\right]. \tag{4.64}$$

$$\sum_{n\geq 0} \operatorname{Li}_{n+1}^{z_0}(z) = z\log\left(\frac{z}{z_0}\frac{1 - z_0}{1 - z}\right). \tag{4.65}$$

$$\sum_{n\geq 0}(-1)^n \operatorname{Li}_{n+1}^{z_0}(z) = \frac{1}{z}\log\left(\frac{1 - z_0}{1 - z}\right) + \frac{z_0}{z} - 1. \tag{4.66}$$

$$\sum_{n\geq 0}\mathrm{i}^n \operatorname{Li}_{n+1}^{z_0}(z) = \sum_{k\geq 1}\frac{z^k}{k-\mathrm{i}} - \left(\frac{z}{z_0}\right)^{\mathrm{i}}\sum_{k\geq 1}\frac{z_0^k}{k-\mathrm{i}}. \tag{4.67}$$

$$\sum_{n\geq 0}(-\mathrm{i})^n \operatorname{Li}_{n+1}^{z_0}(z) = \sum_{k\geq 1}\frac{z^k}{k+\mathrm{i}} - \left(\frac{z_0}{z}\right)^{\mathrm{i}}\sum_{k\geq 1}\frac{z_0^k}{k+\mathrm{i}}. \tag{4.68}$$

$$\sum_{p\geq 1} \operatorname{Li}_{2p}^{z_0}(z) = \frac{z}{2}\log\left(\frac{z}{z_0}\frac{1 - z_0}{1 - z}\right) + \frac{1}{2z}\log\left(\frac{1 - z}{1 - z_0}\right)$$
$$+ \frac{1}{2}\left(1 - \frac{z_0}{z}\right). \tag{4.69}$$

$$\sum_{p\geq 0} \operatorname{Li}_{2p+1}^{z_0}(z) = \frac{z}{2}\log\left(\frac{z}{z_0}\frac{1 - z_0}{1 - z}\right) + \frac{1}{2z}\log\left(\frac{1 - z_0}{1 - z}\right)$$
$$- \frac{1}{2}\left(1 - \frac{z_0}{z}\right). \tag{4.70}$$

$$\sum_{p\geq 1}(-1)^{p-1} \operatorname{Li}_{2p}^{z_0}(z) = \sum_{k\geq 1}\frac{z^k}{1 + k^2} - \cos\left[\log\left(\frac{z}{z_0}\right)\right]\sum_{k\geq 1}\frac{z_0^k}{1 + k^2}$$
$$- \sin\left[\log\left(\frac{z}{z_0}\right)\right]\sum_{k\geq 1}\frac{kz_0^k}{1 + k^2}. \tag{4.71}$$

$$\sum_{p\geq 0}(-1)^p \operatorname{Li}_{2p+1}^{z_0}(z) = \sum_{k\geq 1}\frac{kz^k}{1 + k^2} - \cos\left[\log\left(\frac{z}{z_0}\right)\right]\sum_{k\geq 1}\frac{kz_0^k}{1 + k^2}$$
$$+ \sin\left[\log\left(\frac{z}{z_0}\right)\right]\sum_{k\geq 1}\frac{z_0^k}{1 + k^2}. \tag{4.72}$$

Nous pouvons également, étudier le comportement, lorsque z_0 tend vers 0, de ces somma-
tions. En effet, lorsque $z_0 \to 0$, la fonction $\operatorname{Li}_n^{z_0}(z)$ devient $\operatorname{Li}_n(z)$ et certaines sommations
précédentes donnent par exemple :

$$\sum_{n\geq 0}(-1)^n n \operatorname{Li}_{n+1}(z) = 1 - \frac{1}{z}\operatorname{Li}_2(z), \tag{4.73}$$

$$\sum_{n\geq 0}(-1)^n \operatorname{Li}_{n+1}(z) = \frac{1}{z}\log\left(\frac{1}{1-z}\right) - 1, \tag{4.74}$$

$$\sum_{p\geq 1}(-1)^{p-1} \operatorname{Li}_{2p}(z) = \sum_{k\geq 1}\frac{z^k}{1+k^2}, \tag{4.75}$$

$$\sum_{p\geq 0}(-1)^{p} \operatorname{Li}_{2p+1}(z) = \sum_{k\geq 1}\frac{kz^k}{1+k^2}, \tag{4.76}$$

$$\sum_{n\geq 1}\left(1-\frac{1}{k}\right)^n \operatorname{Li}_{n}(z^k) = \frac{k^2 z^{k-1}}{k-1}\int_0^z \frac{ds}{1-s^k}, \tag{4.77}$$

$$\sum_{n\geq 1}\left(1-\frac{1}{k}\right)^n \operatorname{Li}_{n}(-z^k) = -\frac{k^2 z^{k-1}}{k-1}\int_0^z \frac{ds}{1+s^k}. \tag{4.78}$$

Ainsi avec Maple, l'identité (4.77) nous donne par exemple (en prenant respectivement $k = 2, 3, 4, 5, 6$) :

$$\sum_{n\geq 1}\left(\frac{1}{2}\right)^n \operatorname{Li}_{n}(z^2) = 4z\operatorname{argth}z, \tag{4.79}$$

$$\sum_{n\geq 1}\left(\frac{2}{3}\right)^n \operatorname{Li}_{n}(z^3) = \frac{3z^2}{2}\left[\log\frac{\sqrt{z+1+z^2}}{z-1} - \frac{\sqrt{3}}{6}\pi + i\pi \right.$$
$$\left. + \sqrt{3}\arctan\left(\frac{\sqrt{3}}{3}(2z+1)\right)\right], \tag{4.80}$$

$$\sum_{n\geq 1}\left(\frac{3}{4}\right)^n \operatorname{Li}_{n}(z^4) = \frac{8z^3}{3}(\operatorname{argth}z + \arctan z), \tag{4.81}$$

$$\sum_{n\geq 1}\left(\frac{4}{5}\right)^n \operatorname{Li}_{n}(z^5) = \frac{5z^4}{16}\left[4i\pi - \ln[\sqrt{2}(-1+z)]^4\right.$$
$$+ (\sqrt{5}+1)\ln(2z^2+z+\sqrt{5}z+2)$$
$$- (\sqrt{5}-1)\ln(2z^2+z-\sqrt{5}z+2)$$
$$- 2\sqrt{10-2\sqrt{5}}\left(\arctan\frac{1+\sqrt{5}}{\sqrt{10-2\sqrt{5}}}\right.$$
$$\left. - \arctan\frac{4z+1+\sqrt{5}}{\sqrt{10-2\sqrt{5}}}\right)$$
$$\left. - 2\sqrt{10+2\sqrt{5}}\left(\arctan\frac{1-\sqrt{5}}{\sqrt{10+2\sqrt{5}}}\right.\right.$$

$$+ \arctan \frac{-4z - 1 + \sqrt{5}}{\sqrt{10 + 2\sqrt{5}}}\bigg)\bigg], \tag{4.82}$$

$$\sum_{n \geq 1} \left(\frac{5}{6}\right)^n \mathrm{Li}_n(z^6) = \frac{3z^5}{5}\bigg[2\sqrt{3}\arctan\frac{\sqrt{3}}{3}(2z + 1)$$

$$+ 2\sqrt{3}\arctan\frac{\sqrt{3}}{3}(2z - 1)$$

$$+ \ln\frac{(z^2 + z + 1)(z + 1)^2}{(z^2 - z + 1)(z - 1)^2} + 2\mathrm{i}\pi\bigg]. \tag{4.83}$$

De même, l'identité (4.78) nous donne aussi par exemple (en prenant respectivement $k = 2, 3, 4, 5, 6$) :

$$\sum_{n \geq 1} \left(\frac{1}{2}\right)^n \mathrm{Li}_n(-z^2) = -4z\arctan z, \tag{4.84}$$

$$\sum_{n \geq 1} \left(\frac{2}{3}\right)^n \mathrm{Li}_n(-z^3) = \frac{3z^2}{2}\bigg[\log\frac{\sqrt{1 - z + z^2}}{z + 1} - \frac{\sqrt{3}}{6}\pi$$

$$- \sqrt{3}\arctan\bigg(\frac{\sqrt{3}}{3}(2z + 1)\bigg)\bigg], \tag{4.85}$$

$$\sum_{n \geq 1} \left(\frac{3}{4}\right)^n \mathrm{Li}_n(-z^4) = -\frac{4\sqrt{2}z^2}{3}\bigg[\arctan(\sqrt{2}z + 1) + \arctan(\sqrt{2}z - 1)$$

$$- \frac{1}{2}\log\frac{z^2 - \sqrt{2}z + 1}{z^2 + \sqrt{2}z + 1}\bigg], \tag{4.86}$$

$$\sum_{n \geq 1} \left(\frac{4}{5}\right)^n \mathrm{Li}_n(-z^5) = \frac{5z^4}{16}\bigg[-(1 + \sqrt{5})\mathrm{i}\pi - \ln[\sqrt{2}(1 + z)]^4$$

$$+ (\sqrt{5} + 1)\ln(-2z^2 + z + \sqrt{5}z - 2)$$

$$- (\sqrt{5} - 1)\ln(2z^2 - z + \sqrt{5}z + 2)$$

$$- 2\sqrt{10 - 2\sqrt{5}}\bigg(\arctan\frac{1 + \sqrt{5}}{\sqrt{10 - 2\sqrt{5}}}$$

$$- \arctan\frac{-4z + 1 + \sqrt{5}}{\sqrt{10 - 2\sqrt{5}}}\bigg)$$

$$- 2\sqrt{10 + 2\sqrt{5}}\bigg(\arctan\frac{4z - 1 + \sqrt{5}}{\sqrt{10 + 2\sqrt{5}}}$$

$$- \arctan\frac{-1 + \sqrt{5}}{\sqrt{10 + 2\sqrt{5}}}\bigg)\bigg], \tag{4.87}$$

$$\sum_{n \geq 1} \left(\frac{5}{6}\right)^n \mathrm{Li}_n(-z^6) = -\frac{3z^5}{5}\bigg[2\arctan(2z - \sqrt{3}) + 2\arctan(2z + \sqrt{3})$$

$$+ \ 4\arctan(z) + \sqrt{3}\ln\frac{z^2 + \sqrt{3}z + 1}{z^2 - \sqrt{3}z + 1}\Big]. \tag{4.88}$$

Nous avons vu à la section 4.2 que les polylogarithmes $\{\mathrm{Li}_n\}_{n\geq 1}$ sont algébriquement indépendants. Ici, nous avons la preuve que certaines fonctions admettent une décomposition dans cette base des polylogarithmes.

4.3.4   Commentaires

1. Le polylogarithme classique $\mathrm{Li}_n(z)$ peut aussi être vu comme une fonction de Dirichlet associée à

$$\mathrm{Li}_0(z) = \frac{z}{1-z}. \tag{4.89}$$

Les *polylogarithmes de Nielsen* (voir section 5.4.2) :

$$s_{n,p}(z) = \sum_{k\geq p}\frac{S_k^{(k-p)}}{(k-1)!}\frac{z^k}{k^n} \quad \text{et} \quad c_{n,p}(z) = \sum_{k\geq 2}H_{k-1}^{(n)}\frac{z^k}{k^p} \tag{4.90}$$

sont aussi les fonctions de Dirichlet associées à $L_p(z)$ et $H^{(n)}(z)$ respectivement

$$L_p(z) = \frac{z}{1-z}\frac{[-\log(1-z)]^{p-1}}{(p-1)!} \quad \text{et} \quad H^{(n)}(z) = \frac{z}{1-z}\mathrm{Li}_n(z), \tag{4.91}$$

où les $S_k^{(p)}$ sont les nombres de Stirling de première espèce et les $H_k^{(n)}$ sont les nombres harmoniques généralisés.

2. En arithmétique et en combinatoire énumérative, à toute suite de nombres complexes $\{f_k\}_{k\geq 1}$, on associe traditionnellement trois séries génératrices (série génératrice ordinaire, série génératrice exponentielle et série de Dirichlet) [127] :

$$F(z) = \sum_{k\geq 1}f_k z^k, \quad \widetilde{F}(z) = \sum_{k\geq 1}f_k\frac{z^k}{k!} \quad \text{et} \quad \mathrm{Di}(F;s) = \sum_{k\geq 1}\frac{f_k}{k^s}. \tag{4.92}$$

Ici la fonction de Dirichlet $\mathrm{Di}_n(F|z)$ généralise à la fois la série génératrice ordinaire $F(z)$ (pour $n = 0$) et la série de Dirichlet $\mathrm{Di}(F;s)$ (pour $z = 1$).

3. Notons que, par analogie avec la transformation exponentielle (voir 3.2.3), le passage de $F(z)$ au $\mathrm{Di}_n(F|z)$ conduit à une *transformation polylogarithmique* donnée par l'intégrale suivante, déduite de la formule du théorème 4.3.1 :

$$\mathrm{Di}_n(F|z) = \int_0^z F(s)\frac{\log^{n-1}(z/s)}{\Gamma(n)}\frac{ds}{s}. \tag{4.93}$$

C'est pour cette raison que nous avons appelé également $\mathrm{Di}_n(F|z)$ la *fonction génératrice polylogarithmique* d'ordre n associée à $F(z)$ [77].

4.4 Fonctions du type hypergéométrique

Soit X l'alphabet $\{x_0, x_1, x_2\}$.

4.4.1 Fonctions génératrices (commutatives) des polylogarithmes

Les études de la section précédente (théorème 4.3.1 puis théorème 4.3.4) suggèrent naturellement à déterminer les fonctions génératrices (commutatives) des polylogarithmes de Nielsen $\mathrm{Li}_w(z)$, où $w \in x_1 X^* x_1 X^*$. Par exemple :

$$\sum_{n,m \geq 0} p^n q^m \, \mathrm{Li}_{x_1 x_0^n x_1 x_0^m}(z) = \alpha_0^z[x_1(px_0)^* x_1(qx_0)^*], \tag{4.94}$$

avec :

$$\omega_0 = \frac{dz}{z}, \quad \omega_1 = \frac{dz}{1-z}. \tag{4.95}$$

Dans la suite, les fonctions génératrices des polylogarithmes $\{\mathrm{Li}_w\}_{w \in x_1 X^*}$ que nous cherchons à expliciter sont des évaluations, par rapport aux formes différentielles (4.95), des séries rationnelles de la forme :

$$x_1(c_1 x_0)^* \ldots x_1(c_k x_0)^*, \tag{4.96}$$

où les $c_1, \ldots, c_k$ sont des nombres complexes. La classe de séries rationnelles de la forme (4.96) est stable par l'addition et par le produit de mélange.

D'après le théorème de convolution (théorème 3.4.3), nous avons :

Proposition 4.4.1 ([69]). *Considérons les deux formes différentielles suivantes :*

$$\omega_0 = \frac{dz}{z}, \quad \omega_1 = \frac{dz}{1-z}.$$

Nous avons :

$$\alpha_0^z[x_1(c_1 x_0)^* \ldots x_1(c_k x_0)^*] = \int_0^z \ldots \int_0^{s_2} \left(\frac{s_2}{s_1}\right)^{c_1} \ldots \left(\frac{z}{s_k}\right)^{c_k} \frac{s_1}{1-s_1} \ldots \frac{s_k}{1-s_k}.$$

Cette évaluation nous conduit à la comparaison avec les fonctions hypergéométriques

$$_{p+1}\mathrm{F}_p \left(\begin{array}{c} a_1, \ldots, a_{p+1} \\ b_1, \ldots, b_q \end{array} \bigg| z \right)$$

et à l'étude d'une algèbre de fonctions du *type hypergéométrique* (voir section 4.4.1). Ces fonctions constitueront "une base" pour exprimer les solutions et pour calculer la monodromie des solutions des équations différentielles hypergéométriques suivant leur descriptions syntaxiques (voir section 5.2).

4.4.2   Généralité sur séries hypergéométriques

Rappelons qu'une série $\sum_{k \geq 0} r(k) z^k$ est dite une série hypergéométrique si et seulement si $r(0) = 1$ et le rapport $r(k+1)/r(k)$ est une fraction rationnelle en k. En décomposant cette fraction rationnelle en produit de facteurs linéaires, on écrit $r(k)$ sous la forme (voir [91, 144, 116] pour une introduction aux fonctions hypergéométriques) :

$$r(k) = \frac{(a_1)_k \ldots (a_p)_k}{(b_1)_k \ldots (b_q)_k k!}, \tag{4.97}$$

où $(a)_k$ dénote

$$(a)_0 = 1, (a)_k = a(a+1)(a+2)\ldots(a+k-1) = \frac{\Gamma(a+k)}{\Gamma(k)} \quad \text{si } k \geq 1. \tag{4.98}$$

Il en est de même pour $(b)_k$. Et on note cette série par :

$$_p\mathrm{F}_q \left(\begin{matrix} a_1, \ldots, a_p \\ b_1, \ldots, b_q \end{matrix} \middle| z \right) = \sum_{k \geq 0} \frac{(a_1)_k \ldots (a_p)_k}{(b_1)_k \ldots (b_q)_k k!} z^k. \tag{4.99}$$

Cette série généralise en fait la série géométrique bien connue :

$$_2\mathrm{F}_1 \left(\begin{matrix} 1, 1 \\ 1 \end{matrix} \middle| z \right) = \sum_{k \geq 0} z^k = \frac{1}{1-z}. \tag{4.100}$$

Remarque 4.4.1. *Avec ces conditions, le polylogarithme* $\mathrm{Li}_n(z) = \sum_{k \geq 1} z^k/k^n$ *n'est pas une série hypergéométrique, puisque la condition* $r(0) = 1$ *n'est pas vérifiée. Par contre, si cette condition est enlevée,* $\grave{\mathrm{Li}}_n(z)$ *sera une série hypergéométrique mais les polylogarithmes d'indice multiple ne seront toujours pas.*

4.4.3   Exemples de séries hypergéométriques

On connaît beaucoup séries importantes qui sont en fait des séries hypergéométriques particulières. Le cas particulier le plus simple est celui où $p = q = 0$, c'est-à-dire il n'y a aucun paramètre, et on obtient la série bien connue :

$$_0\mathrm{F}_0 \left(\middle| z \right) = \sum_{k \geq 0} \frac{z^k}{k!} = \exp(z). \tag{4.101}$$

Cette série exponentielle s'obtient aussi en ajoutant par exemple à (4.101) un même paramètre en haut et en bas :

$$_1\mathrm{F}_1 \left(\begin{matrix} 1 \\ 1 \end{matrix} \middle| z \right) = \sum_{k \geq 0} \frac{z^k}{k!} = \exp(z).$$

Ainsi une telle représentation *n'est pas unique*.

Lorsque $p = q = 1$, les séries (4.99) admettant le même nombre de paramètres en haut et en bas sont les *séries hypergéométriques confluentes* :

$$_1\mathrm{F}_1\left(\begin{matrix} a \\ b \end{matrix}\middle| z\right) = \sum_{k\geq 0} \frac{(a)_k}{(b)_k} \frac{z^k}{k!} \tag{4.102}$$

vérifiant l'équation différentielle :

$$z\ddot{f}(z) + (b - z)\dot{f}(z) - af(z) = 0. \tag{4.103}$$

Plusieurs fonctions connues de la physique mathématique peuvent être exprimées à l'aide des séries hypergéométriques confluentes :

1. Fonctions de Laguerre généralisées :

$$L_\nu^{(a)}(z) = \frac{\Gamma(a + \nu + 1)}{\Gamma(a + 1)\Gamma(\nu + 1)} \,_1\mathrm{F}_1\left(\begin{matrix} -\nu \\ a + 1 \end{matrix}\middle| z\right). \tag{4.104}$$

2. Fonctions de Bessel :

$$J_\nu(z) = \frac{e^{-\mathrm{i}z}(z/2)^\nu}{\Gamma(\nu + 1)} \,_1\mathrm{F}_1\left(\begin{matrix} \nu + 1/2 \\ 2\nu + 1 \end{matrix}\middle| 2\mathrm{i}z\right). \tag{4.105}$$

3. Fonctions cylindriques paraboliques :

$$\begin{aligned} D_\nu(z) &= 2^{\nu/2}e^{-z^2/4}\left[\frac{\Gamma(\nu/2)}{\Gamma((1-\nu)/2)} \,_1\mathrm{F}_1\left(\begin{matrix} -\nu/2 \\ 1/2 \end{matrix}\middle| \frac{z^2}{2}\right)\right. \\ &+ \left.\frac{z}{\sqrt{2}}\frac{\Gamma(-\nu/2)}{\Gamma(-\nu/2)} \,_1\mathrm{F}_1\left(\begin{matrix} (1-\nu)/2 \\ 3/2 \end{matrix}\middle| \frac{z^2}{2}\right)\right], \end{aligned} \tag{4.106}$$

4.4.4 Codage symbolique de $_2\mathrm{F}_1\left(\begin{matrix} a, b \\ c \end{matrix}\middle| z\right)$

Lorsque $p = 2$ et $q = 1$, on obtient la série

$$_2\mathrm{F}_1\left(\begin{matrix} a, b \\ c \end{matrix}\middle| z\right) = \sum_{k\geq 0} \frac{(a)_k(b)_k}{(c)_k} \frac{z^k}{k!} \tag{4.107}$$

solution de l'équation différentielle hypergéométrique de Gauss suivante :

$$z(1 - z)\ddot{f}(z) + [c - (b + a + 1)z]\dot{f}(z) - abf(z) = 0. \tag{4.108}$$

Pour $b \notin \mathbb{N}$, la seconde solution de (4.108) est la fonction :

$$z^{1-c} {}_1F_1\left(\begin{array}{c}a-c+1,b+1\\c+1\end{array}\bigg|z\right) \tag{4.109}$$

Pour $|z| < 1$ et $\Re c > \Re b > 0$, cette série (4.107) est convergente. On prolonge cette solution sur un domaine Ω obtenu en coupant le domaine complexe $\mathbb{C}$ par les intervalles $I_0 =]-\infty, 0]$ et $I_1 = [1, \infty[$ et on représente cette fonction hypergéométrique par une intégrale en introduisant dans (4.107) l'expression de $B(p, q)$ sous forme intégrale :

$$B(p,q) = \frac{\Gamma(p)\Gamma(q)}{\Gamma(p+q)} = \int_0^1 s^{p-1}(1-s)^{q-1}ds, \quad \Re p > 0, \Re q > 0, \tag{4.110}$$

On a successivement :

$$\begin{aligned}
{}_2F_1\left(\begin{array}{c}a,b\\c\end{array}\bigg|z\right) &= \sum_{n\geq 0} \frac{\Gamma(a+n)\Gamma(b+n)\Gamma(c)}{\Gamma(a)\Gamma(b)\Gamma(c+n)}\frac{z^n}{n!} &\tag{4.111}\\
&= \frac{1}{B(b,c-b)}\sum_{n\geq 0} B(b+n,c-b)\frac{\Gamma(a+n)}{\Gamma(a)n!}z^n &\tag{4.112}\\
&= \frac{1}{B(b,c-b)}\sum_{n\geq 0}\left[\int_0^1 s^{b+n-1}(1-s)^{c-b-1}ds\right]\binom{-a}{n}(-z)^n &\tag{4.113}\\
&= \frac{1}{B(b,c-b)}\int_0^1 s^{b-1}(1-s)^{c-b-1}\left[\sum_{n\geq 0}\binom{-a}{n}(-zs)^n\right]ds &\tag{4.114}\\
&= \frac{\Gamma(c)}{\Gamma(b)\Gamma(c-b)}\int_0^1 s^{b-1}(1-s)^{c-b-1}(1-zs)^{-a}ds &\tag{4.115}
\end{aligned}$$

En appliquant le changement de variables $u := zs$ dans l'intégrale suivante puis en simplifiant, nous avons successivement :

$$\begin{aligned}
\int_0^1 s^{b-1}(1-s)^{c-b-1}(1-zs)^{-a}ds &= \int_0^z \left(\frac{u}{z}\right)^{b-1}\left(1-\frac{u}{z}\right)^{c-b-1}(1-u)^{-a}\frac{du}{z} &\tag{4.116}\\
&= \frac{1}{z^{c-b}}\int_0^z \left(\frac{z}{u}\right)^{1-b}(z-u)^{c-b-1}\frac{du}{(1-u)^a}. &\tag{4.117}
\end{aligned}$$

Par conséquent :

Lemme 4.4.1. *Nous avons :*

$$
{}_2F_1\left(\begin{array}{c}a,b\\c\end{array}\bigg|z\right) = \frac{\Gamma(c)}{\Gamma(b)}\frac{1}{z^{c-b}}\int_0^z \left(\frac{z}{u}\right)^{1-b}\frac{(z-u)^{c-b-1}}{\Gamma(c-b)}\frac{du}{(1-u)^a}.
$$

En particulier (pour $c = b + 1$) :

$$
{}_2F_1\left(\begin{array}{c}a,b\\b+1\end{array}\bigg|z\right) = \frac{b}{z^b}\int_0^z \frac{du}{u^{1-b}(1-u)^a}.
$$

Et d'après le théorème de convolution (théorème 3.4.3), nous déduisons :

Proposition 4.4.2 ([77]). *Soit* $a \in \mathbb{C}$. *Considérons les trois formes différentielles suivantes :*

$$\omega_0 = \frac{dz}{z}, \quad \omega_{1,a} = \frac{dz}{(1-z)^a}, \quad \omega_2 = dz.$$

Si $c - b - 1$ *est un entier alors nous avons :*

$$_2F_1\left(\begin{matrix} a, b \\ c \end{matrix}\middle| z\right) = \frac{\Gamma(c)}{\Gamma(b)} \frac{1}{z^{c-b}} \alpha_0^z\left[x_1\Big([(1-b)x_0]^* \sqcup x_2^{c-b-1}\Big)\right].$$

En particulier (pour $c = b + 1$*) :*

$$_2F_1\left(\begin{matrix} a, b \\ b+1 \end{matrix}\middle| z\right) = \frac{b}{z}\alpha_0^z\Big(x_1[(1-b)x_0]^*\Big).$$

En d'autres termes, la fonction $_2F_1\left(\begin{matrix} a, b \\ c \end{matrix}\middle| z\right)$ peut être codée par la série rationnelle $x_1\Big([(1-b)x_0]^* \sqcup x_2^{c-b-1}\Big)$. En particulier, la fonction $_2F_1\left(\begin{matrix} a, b \\ b+1 \end{matrix}\middle| z\right)$ peut être codée par la série rationnelle $x_1[(1-b)x_0]^*$. Notons également que $_2F_1\left(\begin{matrix} a, b \\ b+1 \end{matrix}\middle| 1\right)$ est un multiple d'une fonction bêta :

$$_2F_1\left(\begin{matrix} a, b \\ b+1 \end{matrix}\middle| 1\right) = b\int_0^1 u^{b-1}(1-u)^{-a}du = bB(b, 1-a). \tag{4.118}$$

Corollaire 4.4.1. *Avec les deux formes différentielles* ω_0 *et* ω_1, *nous avons :*

$$_2F_1\left(\begin{matrix} 1, b \\ b+1 \end{matrix}\middle| z\right) = \frac{b}{z}\alpha_0^z\Big(x_1[(1-b)x_0]^*\Big) = \sum_{k\geq 0}\frac{bz^k}{k+b}.$$

4.4.5 Codage symbolique de $_3F_2\left(\begin{matrix} a_1, a_2, a \\ b_1, b_2 \end{matrix}\middle| z\right)$

Lorsque $p = 3$ et $q = 2$, on obtient la série

$$_3F_2\left(\begin{matrix} a_1, a_2, a \\ b_1, b_2 \end{matrix}\middle| z\right) = \sum_{k\geq 0}\frac{(a)_k(a_1)_k(a_2)_k}{(b_1)_k(b_2)_k}\frac{z^k}{k!} \tag{4.119}$$

Comme en 4.4.4, on représente cette fonction hypergéométrique par une intégrale en introduisant la représentation par une intégrale de $B(p, q)$:

$$_3F_2\left(\begin{matrix} a_1, a_2, a \\ b_1, b_2 \end{matrix}\middle| z\right) = \frac{\Gamma(b_1)\Gamma(b_2)}{\Gamma(a_1)\Gamma(a_2)\Gamma(b_1 - a_1)\Gamma(b_2 - a_2)}\int_0^1\int_0^1 s_1^{a_1-1}(1-s_1)^{b_1-a_1-1}$$
$$(1 - zs_1s_2)^{-a}s_2^{a_2-1}(1-s_2)^{b_2-a_2-1}ds_1ds_2. \tag{4.120}$$

De la même manière qu'en 4.4.4, en appliquant les changements de variable $u_1 = zs_1s_2$ et puis $u_2 = zs_2$ dans l'intégrale suivante, nous avons successivement :

$$\int_0^1 \int_0^1 s_1^{a_1-1}(1-s_1)^{b_1-a_1-1}(1-zs_1s_2)^{-a}s_2^{a_2-1}(1-s_2)^{b_2-a_2-1}ds_1ds_2$$

$$= \int_0^1 \left[\int_0^{zs_2} \left(\frac{u_1}{zs_2}\right)^{a_1-1} \left(1-\frac{u_1}{zs_2}\right)^{b_1-a_1-1} (1-u_1)^{-a}\frac{du_1}{zs_2}\right]$$
$$s_2^{a_2-1}(1-s_2)^{b_2-a_2-1}ds_2 \tag{4.121}$$

$$= \int_0^z \left[\int_0^{u_2} \left(\frac{u_1}{u_2}\right)^{a_1-1} \left(1-\frac{u_1}{u_2}\right)^{b_1-a_1-1} (1-u_1)^{-a}\frac{du_1}{u_2}\right]$$
$$\left(\frac{u_2}{z}\right)^{a_2-1} \left(1-\frac{u_2}{z}\right)^{b_2-a_2-1} \frac{du_2}{z} \tag{4.122}$$

$$= \int_0^z \left[\int_0^{u_2} \left(\frac{u_1}{u_2}\right)^{a_1-1} \left(\frac{u_2-u_1}{u_2}\right)^{b_1-a_1-1} (1-u_1)^{-a}\frac{du_1}{u_2}\right]$$
$$\left(\frac{u_2}{z}\right)^{a_2-1} \left(\frac{z-u_2}{z}\right)^{b_2-a_2-1} \frac{du_2}{z} \tag{4.123}$$

$$= \frac{1}{z^{b_2-a_2}} \int_0^z \left[\int_0^{u_2} \left(\frac{u_1}{u_2}\right)^{a_1-1} (u_2-u_1)^{b_1-a_1-1}\frac{du_1}{(1-u_1)^a}\right]$$
$$\left(\frac{u_2}{z}\right)^{a_2-1} (z-u_2)^{b_2-a_2-1}\frac{du_2}{u_2^{b_1-a_1}}. \tag{4.124}$$

Par conséquent :

Lemme 4.4.2. *Nous avons :*

$${}_3F_2\left(\begin{matrix} a_1, a_2, a \\ b_1, b_2 \end{matrix}\middle| z\right) = \frac{\Gamma(b_1)\Gamma(b_2)}{\Gamma(a_1)\Gamma(a_2)} \frac{1}{z^{b_2-a_2}} \int_0^z \int_0^{u_2} \left(\frac{u_2}{u_1}\right)^{1-a_1} \left(\frac{z}{u_2}\right)^{1-a_2}$$
$$\frac{(u_2-u_1)^{b_1-a_1-1}}{\Gamma(b_1-a_1)} \frac{(z-u_2)^{b_2-a_2-1}}{\Gamma(b_2-a_2)} \frac{du_1}{(1-u_1)^a} \frac{du_2}{u_2^{b_1-a_1}}.$$

En particulier :

1. *pour $b_1 = a_1 + 1$, nous obtenons :*

$${}_3F_2\left(\begin{matrix} a_1, a_2, a \\ a_1+1, b_2 \end{matrix}\middle| z\right) = \frac{\Gamma(b_2)}{\Gamma(a_2)} \frac{a_1}{z^{b_2-a_2}} \int_0^z \int_0^{u_2} \left(\frac{u_2}{u_1}\right)^{1-a_1} \left(\frac{z}{u_2}\right)^{1-a_2}$$
$$\frac{(z-u_2)^{b_2-a_2-1}}{\Gamma(b_2-a_2)} \frac{du_1}{(1-u_1)^a} \frac{du_2}{u_2}.$$

2. *pour $b_1 = a_1 + 1$ et $b_2 = a_2 + 1$, nous obtenons :*

$$
{}_3\mathrm{F}_2\left(\begin{array}{c} a_1, a_2, a \\ a_1 + 1, a_2 + 1 \end{array}\middle| z\right) = \frac{a_1 a_2}{z} \int_0^z \int_0^{u_2} \left(\frac{u_2}{u_1}\right)^{1-a_1} \left(\frac{z}{u_2}\right)^{1-a_2} \frac{du_1}{(1-u_1)^a} \frac{du_2}{u_2}.
$$

Et d'après le théorème de convolution (théorème 3.4.3), nous déduisons :

Proposition 4.4.3 ([77]). *Soit $a \in \mathbb{C}$. Considérons les trois formes différentielles suivantes :*

$$
\omega_0 = \frac{dz}{z}, \quad \omega_{1,a} = \frac{dz}{(1-z)^a}, \quad \omega_2 = dz.
$$

Si $b_2 - a_2 - 1$ est un entier alors nous avons :

$$
{}_3\mathrm{F}_2\left(\begin{array}{c} a_1, a_2, a \\ a_1 + 1, b_2 \end{array}\middle| z\right) = !\frac{\Gamma(b_2)}{\Gamma(a_2)} \frac{a_1}{z^{b_2-a_2}} \alpha_0^z \Big[x_1[(1-a_1)x_0]^* x_0\Big([(1-a_2)x_0]^* \, \sqcup \, x_2^{b_2-a_2-1} \Big) \Big],
$$

En particulier (pour $b_2 = a_2 + 1$) :

$$
{}_3\mathrm{F}_2\left(\begin{array}{c} a_1, a_2, a \\ a_1 + 1, a_2 + 1 \end{array}\middle| z\right) = \frac{a_1 a_2}{z} \alpha_0^z \Big(x_1[(1-a_1)x_0]^* x_0[(1-a_2)x_0]^* \Big).
$$

En d'autres termes, les fonctions ${}_3\mathrm{F}_2\left(\begin{array}{c} a_1, a_2, a \\ a_1 + 1, b_2 \end{array}\middle| z\right)$ et ${}_3\mathrm{F}_2\left(\begin{array}{c} a_1, a_2, a \\ a_1 + 1, a_2 + 1 \end{array}\middle| z\right)$ peuvent être

codées par les séries $x_1[(1-a_1)x_0]^* x_0\Big([(1-a_2)x_0]^* \, \sqcup \, x_2^{b_2-a_2-1} \Big)$ et $x_1[(1-a_1)x_0]^* x_0[(2-a_2)x_0]^*$ respectivement.

4.4.6 Codage symbolique de ${}_{p+1}\mathrm{F}_p\left(\begin{array}{c} a_1, \ldots, a_{p+1} \\ b_1, \ldots, b_q \end{array}\middle| z\right)$

Pour $\mathfrak{R}b_i > 0$ et $1 \le i \le p$, en employant la représentation intégrale de la fonction bêta (la formule (4.110)), on montre que la série de puissance suivante :

$$
{}_p\mathrm{F}_q\left(\begin{array}{c} a_1, \ldots, a_{p+1} \\ b_1, \ldots, b_p \end{array}\middle| z\right) = \sum_{k \ge 0} \frac{(a_1)_k \ldots (a_{p+1})_k}{(b_1)_k \ldots (b_p)_k k!} z^k, \tag{4.125}
$$

qui est un cas particulier de (4.99), admet une représentation intégrale :

$$
{}_{p+1}\mathrm{F}_p\left(\begin{array}{c} a_1, \ldots, a_{p+1} \\ b_1, \ldots, b_p \end{array}\middle| z\right) = \prod_{i=1}^p \frac{\Gamma(b_i)}{\Gamma(a_i)\Gamma(b_i - a_i)} \int_0^1 \ldots \int_0^1 \prod_{i=1}^p
$$
$$
(1 - s_i)^{b_i - a_i - 1} s_i^{a_i - 1} (1 - zs_1 \ldots s_p)^{-a_{p+1}} ds_1 \ldots ds_p. \tag{4.126}
$$

Avec les changement de variables successifs :

$$u_1 = zs_1 \ldots s_p, \ u_2 = zs_2 \ldots s_p, \ \ldots, \ u_p = zs_p, \tag{4.127}$$

nous montrons que $_{p+1}F_p\left(\begin{array}{c} a_1, \ldots, a_{p+1} \\ b_1, \ldots, b_p \end{array}\middle| z\right)$ peut être représentée une intégrale itérée comme suit (avec la convention $u_{p+1} = z$) :

$$
\begin{aligned}
_{p+1}F_p\left(\begin{array}{c} a_1, \ldots, a_{p+1} \\ b_1, \ldots, b_p \end{array}\middle| z\right) &= \prod_{i=1}^{p} \frac{\Gamma(b_i)}{\Gamma(a_i)\Gamma(b_i-a_i)} \int_0^z \cdots \int_0^{s_p} \prod_{i=1}^{p} \\
&\quad \left(1 - \frac{u_i}{u_{i+1}}\right)^{b_i-a_i-1} \left(\frac{u_i}{u_{i+1}}\right)^{a_i-1} \frac{du_1}{(1-u_1)^{-a_{p+1}}} \frac{du_2}{u_2} \cdots \frac{du_p}{zu_p} \tag{4.128} \\
&= \prod_{i=1}^{p} \frac{\Gamma(b_i)}{\Gamma(a_i)\Gamma(b_i-a_i)} \int_0^z \cdots \int_0^{u_p} \prod_{i=1}^{p} \\
&\quad \left(\frac{u_{i+1}-u_i}{u_{i+1}}\right)^{b_i-a_i-1} \left(\frac{u_{i+1}}{u_i}\right)^{1-a_i} \frac{du_1}{(1-u_1)^{-a_{p+1}}} \frac{du_2}{u_2} \cdots \frac{du_p}{zu_p} \tag{4.129}
\end{aligned}
$$

Par conséquent :

Lemme 4.4.3. *Nous avons :*

$$
\begin{aligned}
_{p+1}F_p\left(\begin{array}{c} a_1, \ldots, a_{p+1} \\ b_1, \ldots, b_p \end{array}\middle| z\right) &= \frac{1}{z^{b_p-a_p}} \prod_{i=1}^{p} \frac{\Gamma(b_i)}{\Gamma(a_i)} \int_0^z \cdots \int_0^{u_p} \prod_{i=1}^{p} \frac{(u_{i+1}-u_i)^{b_i-a_i-1}}{\Gamma(b_i-a_i)} \left(\frac{u_{i+1}}{u_i}\right)^{1-a_i} \\
&\quad \frac{du_1}{(1-u_1)^{-a_{p+1}}} \frac{du_2}{u_2^{b_1-a_1}} \cdots \frac{du_p}{u_p^{b_{p-1}-a_{p-1}}}.
\end{aligned}
$$

En particulier :

1. *pour $b_1 = a_1 + 1, \ldots, b_{p-1} = a_{p-1} + 1$, obtenons :*

$$
\begin{aligned}
_{p+1}F_p\left(\begin{array}{c} a_1, \ldots, a_{p+1} \\ a_1 + 1, \ldots, a_{p-1} + 1, b_p \end{array}\middle| z\right) &= \frac{1}{z} \prod_{i=1}^{p} a_i \int_0^z \cdots \int_0^{u_p} \prod_{i=1}^{p} \\
&\quad \left(\frac{u_{i+1}}{u_i}\right)^{1-a_i} \frac{(z-u_p)^{b_p-a_p-1}}{\Gamma(b_p-a_p)} \frac{du_1}{(1-u_1)^{-a_{p+1}}} \frac{du_2}{u_2} \cdots \frac{du_p}{u_p}.
\end{aligned}
$$

2. *pour $b_1 = a_1 + 1, \ldots, b_p = a_p + 1$, obtenons :*

$$
_{p+1}F_p\left(\begin{array}{c} a_1, \ldots, a_{p+1} \\ a_1 + 1, \ldots, a_p + 1 \end{array}\middle| z\right) = \frac{1}{z} \prod_{i=1}^{p} a_i \int_0^z \cdots \int_0^{u_p} \prod_{i=1}^{p} \left(\frac{u_{i+1}}{u_i}\right)^{1-a_i} \frac{du_1}{(1-u_1)^{-a_{p+1}}} \frac{du_2}{u_2} \cdots \frac{du_p}{u_p}.
$$

Et d'après le théorème de convolution (théorème 3.4.3), nous déduisons :

Proposition 4.4.4 ([77]). *Soit* $a \in \mathbb{C}$. *Considérons les trois formes différentielles suivantes :*

$$\omega_0 = \frac{dz}{z}, \quad \omega_{1,a} = \frac{dz}{(1-z)^a}, \quad \omega_2 = dz.$$

Si $b_p - a_p - 1$ *est un entier alors nous avons :*

$$_{p+1}F_p \left(\begin{matrix} a_1, \ldots, a_p, a \\ a_1 + 1, \ldots, a_{p-1} + 1, b_p \end{matrix} \middle| z \right) = \frac{1}{z} \prod_{i=1}^{p} a_i \alpha_0^z \Big[x_1 [(1-a_1)x_0]^*$$

$$x_0 [(1-a_2)x_0]^* \ldots x_0 [(1-a_{p-1})x_0]^* x_0 \Big([(1-a_p)x_0^*] \sqcup x_2^{b_p - a_p - 1} \Big) \Big].$$

En particulier (pour $b_p = a_p + 1$) *:*

$$_{p+1}F_p \left(\begin{matrix} a_1, \ldots, a_p, a \\ a_1 + 1, \ldots, a_p + 1 \end{matrix} \middle| z \right) = \frac{1}{z} \prod_{i=1}^{p} a_i \alpha_0^z \Big(x_1 [(1-a_1)x_0^*] x_0 [(1-a_2)x_0]^* \ldots x_0 [(1-a_p)x_0^*] \Big).$$

D'après la proposition 4.4.4, les fonctions

$$_{p+1}F_p \left(\begin{matrix} a_1, \ldots, a_{p+1} \\ a_1 + 1, \ldots, a_{p-1} + 1, b_p \end{matrix} \middle| z \right) \quad \text{et} \quad _{p+1}F_p \left(\begin{matrix} a_1, \ldots, a_p, a \\ a_1 + 1, \ldots, a_p + 1 \end{matrix} \middle| z \right) \tag{4.130}$$

peuvent être codées par les séries rationnelles de la forme :

$$x_{i_1} (c_1 x_0)^* \ldots x_{i_k} (c_k x_0)^*, \tag{4.131}$$

ou encore de la forme :

$$x_{i_1} (c_1 x_0)^{*n_1} \ldots x_{i_k} (c_k x_0)^{*n_k}, \tag{4.132}$$

où les $n_1, \ldots, n_k$ sont des entiers et les $c_1, \ldots, c_k$ sont des nombres complexes et les $x_{i_1}, \ldots, x_{i_k} \in \{x_0, x_1, x_2\}^*$. La classe de séries rationnelles de la forme (4.131) ou de la forme (4.132) est stable par l'addition et par le produit de mélange.

Définition 4.4.1. *Soit* X *l'alphabet* $\{x_0, x_1, x_2\}$. *Soient* $n_1, \ldots, n_k$ *des entiers et soient* $c_1, \ldots, c_k$ *des nombres complexes :*

1. *Notons* $\mathcal{A}_1$ *la plus petite* $\mathbb{C}$-*algèbre stable par le produit de mélange, qui contient* ϵ, X *et les séries rationnelles de la forme (4.131).*

2. *Notons* $\mathcal{A}_2$ *la plus petite* $\mathbb{C}$-*algèbre stable par le produit de mélange, qui contient* ϵ, X *et les séries rationnelles de la forme (4.132).*

D'après le théorème de convolution (théorème 3.4.3), nous avons :

Proposition 4.4.5 ([69]). *Considérons les trois formes différentielles suivantes :*

$$\omega_0 = \frac{dz}{z}, \quad \omega_1 = \frac{dz}{1-z}, \quad \omega_2 = dz.$$

Pout tout élément $x_{i_1}(c_1 x_0)^{*n_1} x_{i_2}(c_2 x_0)^{*n_1} \ldots x_{i_k}(c_k x_0)^{*n_k}$ de $\mathcal{A}_2$, nous avons :

$$\alpha_0^z [x_{i_1}(c_1 x_0)^{*n_1} x_{i_2}(c_2 x_0)^{*n_1} \ldots x_{i_k}(c_k x_0)^{*n_k}]$$
$$= \int_0^z \int_0^{s_k} \ldots \int_0^{s_2} g_1\left(\frac{s_2}{s_1}\right) g_2\left(\frac{s_3}{s_2}\right) \ldots g_k\left(\frac{z}{s_k}\right) \omega_{i_1} \omega_{i_2} \ldots \omega_{i_k},$$

où pour tout $i = 1..k$, $g_i(s_{i+1}/s_i)$ est donnée par (avec la convention $s_{k+1} = z$) :

$$g_i\left(\frac{s_{i+1}}{s_i}\right) = \begin{cases} 1 & si \quad n_i = 0, \\ \left(\frac{s_{i+1}}{s_i}\right)^{c_i} \sum_{j=0}^{n_i-1} \binom{k-1}{j} \frac{c_i^j}{j!} \log^j\left(\frac{s_{i+1}}{s_i}\right) & si \quad n_i > 0. \end{cases}$$

Définition 4.4.2. *Nous appelons* fonctions du type hypergéométrique, *les évaluations des éléments de $\mathcal{A}_1$, par rapport aux formes différentielles $\omega_0 = dz/z$ et $\omega_1 = dz/(1-z)$.*

Proposition 4.4.6 ([77]). *Soit S une série rationnelle sur X à coefficients dans $\mathbb{C}$. Il est* décidable *si S est combinaison finie d'éléments de $\mathcal{A}_1$.*

Question 4.4.1. *Est-ce-que les fonctions du type hypergéométrique sont linéairement indépendantes ?*

D'après le corollary 3.4.1, avec trois formes différentielles de (4.133), α n'est pas un isomorphisme d'algèbre de mélange. Il ne réalise donc pas un isomorphisme de $\mathcal{A}_2$ dans l'algèbre des fonctions $\alpha_0^z [x_{i_1}(c_1 x_0)^{*n_1} \ldots x_{i_k}(c_k x_0)^{*n_k}]$. On peut alors se poser la question suivante :

Question 4.4.2. *Quel est le rapport entre l'algèbre des fonctions du type hypergéométrique et l'algèbre des fonctions $\alpha_0^z [x_{i_1}(c_1 x_0)^{*n_1} \ldots x_{i_k}(c_k x_0)^{*n_k}]$ définies avec les formes différentielles de (4.133) ?*

4.4.7   Commentaires

Introduisons les opérateurs différentiels suivants :

$$\theta = z\frac{d}{dz} \quad \text{et} \quad D = \frac{d}{dz}. \tag{4.133}$$

Nous vérifions que :

$$D_p F_q\left(\begin{array}{c} a_1, \ldots, a_p \\ b_1, \ldots, b_q \end{array} \middle| z\right) = \frac{a_1 \ldots a_p}{b_1 \ldots b_q}$$

$$_pF_q \left(\begin{matrix} a_1 + 1, \ldots, a_p + 1 \\ b_1 + 1, \ldots, b_q + 1 \end{matrix} \middle| z \right), \quad (4.134)$$

$$(\theta + b_1 - 1) \ldots (\theta + b_p - 1) \, _pF_q \left(\begin{matrix} a_1, \ldots, a_p \\ b_1, \ldots, b_q \end{matrix} \middle| z \right) = (b_1 - 1) \ldots (b_q - 1)$$

$$_pF_q \left(\begin{matrix} a_1, \ldots, a_p \\ b_1 - 1, \ldots, b_q - 1 \end{matrix} \middle| z \right), \quad (4.135)$$

$$(\theta + a_1) \ldots (\theta + a_q) \, _pF_q \left(\begin{matrix} a_1, \ldots, a_p \\ b_1, \ldots, b_q \end{matrix} \middle| z \right) = a_1 \ldots a_p$$

$$_pF_q \left(\begin{matrix} a_1 + 1, \ldots, a_p + 1 \\ b_1, \ldots, b_q \end{matrix} \middle| z \right). \quad (4.136)$$

Par conséquent, pour tous entiers $p, q \geq 1$ et pour $|z| < 1$, la série de puissance (4.99) est une fonction holomorphe et elle est solution de l'équation différentielle fuchsienne avec les singularités en $\{0, 1, \infty\}$:

$$D(\theta + b_1 - 1) \ldots (\theta + b_p - 1) f(z) = (\theta + a_1) \ldots (\theta + a_q) f(z). \quad (4.137)$$

En développant le membre gauche de (4.137), on constate qu'il est de la forme $c_k z^k f^{(k)}(z)$, où pour $k = 0, \ldots, p + 1, c_k$ est un nombre complexe. De même, en développant le membre droit de (4.137), on constate qu'il est de la forme $d_k z^{k-1} f^{(k)}(z)$, où pour $k = 0, \ldots, q, d_k$ est un nombre complexe. Par conséquent, elle est toujours de la forme suivante :

$$z^{n-1}(d_n - z c_n) f^{(n)}(z) + \ldots + (d_1 - z c_1) \dot{f}(z) - c_0 f(z) = 0, \quad (4.138)$$

La classe des fonctions hypergéométriques $_pF_q \left(\begin{matrix} a_1, \ldots, a_p \\ b_1, \ldots, b_q \end{matrix} \middle| z \right)$ ne couvre donc pas toutes les solutions des équations différentielles de la forme (5.1) que nous allons considérer à la section 5.2 (c'est-à-dire, les équations différentielles de la forme (5.1) ne se mettent pas toutes sous la forme (4.137)). Mais le codage que nous allons envisager permet d'entrevoir une généralisation du théorème de structure (théorème 4.2.4) d'une algèbre de fonctions obtenues comme combinaisons *infinies* d'intégrales itérées. Cette algèbre a pour but aussi de décrire les solutions des équations différentielles de la forme (5.1).

Chapitre 5

Trois applications du calcul symbolique non commutatif et des fonctions spéciales

Les hypothèses scientifiques
sont désormais inséparables de leur forme mathématique :
elles sont vraiment des pensées mathématiques [...].
Il faut rompre avec ce poncif cher aux philosophes sceptiques
qui ne veulent voir dans les mathématiques qu'un langage.
Au contraire, la mathématique est une pensée,
une pensée *sûre de son langage.*

Gaston Bachelard

5.1 Introduction

Dans ce chapitre nous montrons que le calcul symbolique non commutatif peut contribuer à l'étude des équations différentielles linéaires à coefficients méromorphes, de la monodromie unipotente, des équations intégrales singulières des arbres quadrants et des constantes universelles. Ces travaux, comme ceux du chapitre 3, nous conduisent aux fonctions spéciales du chapitre 4 (polylogarithmes, fonctions de Dirichlet avec ou sans paramètre, fonctions hypergéométriques, ...) et aux nombres spéciaux de la section 5.4 (sommes d'Euler-Zagier, séries de Dirichlet, ...). Ces applications sont partiellement traitées dans [77, 78, 79, 80]. Ces travaux ne sont pas encore achevés, nous comptons les poursuivre dans un avenir proche. En effet, en général, l'approche symbolique que nous adoptons, si elle nous permet de réinterpréter certains résultats qui sont déjà connus, nous permet également de découvrir de nouveaux algorithmes et les méthodes de calcul exact à partir de leur description symbolique. Ces applications nous encouragent à poursuivre dans cette voie.

L'organisation de ce chapitre est la suivante :

– Section 5.2 : comme exemple d'application, nous étudions les équations différentielles linéaires à coefficients méromorphes (construction d'une base d'une algèbre de solutions, calcul exact et effectif de la monodromie, ...). Et nous considérons les cas avec les *singularités régulières* (cas de Fuchs). Ces cas sont importants car leur groupe de monodromie fournit une *classification analytique* des équations différentielles linéaires et permet de déterminer le *groupe de Galois* d'une équation différentielle [106, 116].

Cette étude resserre le lien, dans le domaine *complexe* et en présence de *singularités*, entre les équations différentielles linéaires à coefficients *non constants* et les séries rationnelles en variables non commutatives, et aboutir à des algorithmes efficaces basés sur la combinatoire des mots.

– Section 5.3 : pour illustrer la modélisation d'un problème issu de l'analyse des structures de données en informatique, nous étudions l'équation intégrale issue de l'analyse les arbres quadrants (ou encore les arbres hyperquaternaires de recherche) [94, 95, 49]. Ces arbres sont des structures de données hiérarchiques généralisant les arbres binaires bien connus en informatique. La résolution de cette équation nous conduit aux fonctions polylogarithmes et aux fonctions de type hypergéométriques de la section 4. Le développement asymptotique des solutions nous conduit aux sommes d'Euler et aux fonctions zêta multivaluées [94, 95, 49].

Il s'avère que la méthode syntaxique et le calcul symbolique que nous introduisons pour cette étude [77, 78] permettent aussi de comprendre des liens entre cette équation intégrale, les fonctions spéciales et les nombres spéciaux.

– Section 5.4 : pour comprendre la conjecture de Zagier (conjecture 1.3.1), nous traitons les fonctions zêta multivaluées, connues encore sous le nom de sommes harmoniques, ou de sommes d'Euler-Zagier. Nous les codons par les mots non commutatifs et nous appliquons des algorithmes d'informatique théorique pour obtenir des sommations originales de ces nombres, pour vérifier des relations déjà connues entre ces nombres, pour tester et pour découvrir de nouvelles relations sans faire appel aux calculs numériques de haute précision.

Ces nombres sont importants en arithmétique et théorie des nombres [149], en mécanique quantique [36, 37, 101, 61] (associateur de Drinfel'd), physique des hautes énergies [23, 24] et théorie des nœuds [2, 31] (invariants de Vassiliev, représentation par des intégrales de Kontsevich). Pour nous, ces sommes interviennent naturellement dans l'étude de la monodromie des polylogarithmes, des équations fonctionnelles entre polylogarithmes et du développement asymptotique des polylogarithmes (voir chapitre 4). Par conséquent, ils interviennent de manière aussi naturelle dans l'étude de l'équation intégrale des arbres quadrants comme l'avaient pressenti les auteurs de cette équation [60, 46, 44, 49]. En particulier, Flajolet et Salvy ont également abordé ces sommes d'Euler en se basant sur leur représentation par des d'intégrales de contour [50].

5.2 Equations différentielles à coefficients méromorphes

Les systèmes d'équations différentielles linéaires sont très importants pour la modélisation quantitative par des systèmes dynamiques des phénomènes biologiques, économiques ou physiques. Le but de ces modélisations est de pouvoir agir efficacement sur des problèmes d'origine réelle, de découvrir et/ou de prédire des situations non prévues à partir des descriptions originelles du problème, et d'en fournir des explications satisfaisantes. Pour ce faire, on étudie les solutions d'un système d'équations différentielles (ou encore les sorties d'un système dynamique) en influençant certains paramètres du système. Ces paramètres peuvent être constants (par intervalle) ou variables suivant des lois continues (par intervalle) en fonction du temps. Ces paramètres sont considérés comme des paramètres de contrôle (ou encore comme les entrées d'un système dynamique). Une telle étude nécessite alors la déterination de la nature des sorties en fonction de celle des entrées. Dans ce qui suit, nous considérons des entrées rationnelles et nous nous plaçons dans le cadre de l'analyse complexe.

Le calcul symbolique commutatif de Heaviside a déjà montré son efficacité pour la résolution des équations différentielles linéaires ou des systèmes d'équations différentielles linéaires à coefficients constants (section 3.2). Il a été introduit aussi pour étudier les fonctions spéciales comme les fonctions de Bessel, les familles de polynômes orthogonaux (de Legendre, de Laguerre, de Hermite, ...) [128, 129]. Ce calcul et ces fonctions spéciales sont implémentés dans la plupart des systèmes de calcul formel. Ces fonctions spéciales vérifient en fait une équation différentielle hypergéométrique d'ordre 2 dont les coefficients sont des polynômes de degré au plus 2. Des tentatives très soutenues cherchent à proposer ces fonctions spéciales comme les éléments d'une base pour exprimer les solutions des équations différentielles d'ordre plus élevé dont les coefficients sont des polynômes de degré plus élevé. Ces tentatives ne peuvent échapper aux questions : comment obtenir les transformés de ces équations ? comment reconnaître les transformés de ces fonctions spéciales ? pourquoi ces fonctions plutôt que d'autres ?
. . . .

Nous allons étudier les équations différentielles linéaires à coefficients méromorphes et nous proposons des séries rationnelles à variables non commutatives comme un codage symbolique de ces équations. La décomposition (algorithmique) de ces séries rationnelles permet de reconnaître les "éléments basiques" qui sont justement les codages des fonctions spéciales "utiles" (voir section 4) obtenues à partir des coefficients de ces équations pour en exprimer les solutions et pour en étudier la monodromie. Ce procédé passe par le calcul symbolique non commutatif développé à la section 3.4.

5.2.1 Position du problème

Considérons les équations différentielles d'ordre n à coefficients $a_i(z) \in \mathbb{C}(z), i = 0..n$:

$$a_n(z)y^{(n)}(z) + \ldots + a_1(z)\dot{y}(z) + a_0(z)y(z) = 0. \tag{5.1}$$

Nous notons $\Sigma = \{s_1 \ldots s_m\}$ l'ensemble des singularités de (5.1).

Question 5.2.1. *Décrire la classe des fonctions vérifiant (5.1) ?*

Soit $z_0 \in \mathcal{P}_1(\mathbb{C}) \smallsetminus \Sigma$. D'après un théorème de Cauchy, dans un voisinage de z_0, il existe un système fondamental de solutions de (5.1). Le prolongement analytique de ce système fondamental de solutions de (5.1), suivant le chemin γ ne rencontrant pas Σ à partir de z_0, induit une représentation du groupe fondamental de $\mathcal{P}_1(\mathbb{C}) \smallsetminus \Sigma$ que l'on note par $\Pi(\mathcal{P}_1(\mathbb{C}) \smallsetminus \Sigma)$:

$$\begin{pmatrix} y_1(z) & y_2(z) & \ldots & y_n(z) \end{pmatrix} \longmapsto \begin{pmatrix} y_1(z) & y_2(z) & \ldots & y_n(z) \end{pmatrix} M(\gamma). \tag{5.2}$$

La matrice $M(\gamma)$ est un élément de $GL_n(\mathbb{C})$ et ne dépend que de la classe d'homotopie de γ dans $\Pi(\mathcal{P}_1(\mathbb{C}) \smallsetminus \Sigma)$. On a :

$$M(\gamma.\gamma') = M(\gamma)M(\gamma') \tag{5.3}$$

et l'ensemble

$$\mathcal{M} = \{M(\gamma) | \gamma \in \Pi(\mathcal{P}_1(\mathbb{C}) \smallsetminus \Sigma)\} \tag{5.4}$$

a une structure de groupe que l'on appelle *groupe de monodromie* de l'équation (5.1). Ce groupe de monodromie $\mathcal{M}$ est engendré par m matrices $M(\gamma_i), i = 1..m$, où γ_i est un chemin fermé (un lacet) autour de la singularité $s_j, j = 1..m$ (en un seul tour).

Question 5.2.2. *Comment expliciter le groupe de monodromie $\mathcal{M}$?*

Dans la suite, pour simplifier, nous commençons par mettre (5.1) sous la forme d'un système d'équations différentielles à coefficients méromorphes :

$$\begin{cases} dq(z) & = & A(z)q(z)dz, \\ q(z_0) & = & \eta, \\ y(z) & = & \lambda q(z), \end{cases} \tag{5.5}$$

où $A = (A_{i,j})_{i,j=1..n}$ est une matrice carrée de dimension n à coefficients rationnels en z, et où η et λ sont respectivement vecteur colonne et vecteur ligne de dimension n. Nous supposons également que 0 est une singularité de A. D'après un algorithme de Barkatou (implementé en MAPLE [3]), nous pouvons supposer ici que, après un changement de coordonnées locales, que nous sommes dans un cas régulier de Fuchs avec seulement des *singularités simples*. D'après Fuchs [56], les singularités de la sortie y sont parmi celles de la matrice A. Par conséquent, il est naturel de déterminer les solutions exactes ou approchées dans la classe des fonctions admettant les mêmes singularités que A.

Question 5.2.3. *Comment contruire, à partir des coefficients $\{A_{i,j}\}_{i,j=1..n}$, une base d'une algèbre de fonctions pour exprimer la sortie y de (5.5) ?*

Pour répondre à cette question, nous partons de la procédure de Picard qui consiste en une transcription de ces équations différentielles en équations intégrales et en un calcul de q comme la limite de la suite récurrente $\{q_k\}_{k \geq 0}$ définie comme suit :

$$q_k(z) = q(z_0) + \int_{z_0}^{z} A(s) q_{k-1}(s) ds \qquad (5.6)$$

avec le point de départ $q_0(z) = \eta$. La sortie y prend alors la forme suivante :

$$y(z) = \lambda U(z_0; z) \eta \qquad (5.7)$$

et la matrice $U(z_0; z)$ est une série de Dyson [39] :

$$U(z_0; z) = \sum_{k \geq 0} \int_{z_0}^{z} \int_{z_0}^{s_k} \ldots \int_{z_0}^{s_2} A(s_k) \ldots A(s_1) ds_1 \ldots ds_k. \qquad (5.8)$$

D'après un résultat de Chen, la matrice $U(z_0; z)$ est une exponentielle d'un élément de Lie [32, 118, 119] et le problème est de déterminer la matrice $\Omega(z_0; z)$ telle que :

$$U(z_0; z) = \exp[\Omega(z_0; z)]. \qquad (5.9)$$

D'après Magnus [107], $\Omega(z_0; z)$ peut être obtenu comme la limite de la suite récurrente de matrices $\{\Omega_k(z_0; z)\}_{k \geq 0}$ définie comme suit :

$$
\begin{aligned}
\Omega_k(z_0; z) &= \int_{z_0}^{z} \Big(A(s) + \frac{1}{2}[A(s), \Omega_{k-1}(z_0; s)] \\
&\quad + \frac{1}{12}[[A(s), \Omega_{k-1}(z_0; s)], \Omega_{k-1}(z_0; s)] + \ldots \Big) ds.
\end{aligned} \qquad (5.10)
$$

avec le point de départ $\Omega_0(z_0; z) = 0$. Pour le système (5.5), les travaux de Magnus donnent m matrices constantes $\{N_i\}_{i=1..m}$ et m fonctions scalaires $\{a_i\}_{i=1..m}$ vérifiant certaines équations différentielles non linéaires telles que localement $U(z_0; z)$ est finiment représentée par :

$$U(z_0; z) = \exp[a_1(z)N_1 + \ldots + a_m(z)N_m]. \qquad (5.11)$$

En utilisant la formule de Zassenhaus, Magnus donne aussi une représentation en produit infini de $U(z_0; z)$ [107]. Suivant les travaux de Magnus, Wei et Norman [139, 140] ont prouvé l'existence de l matrices constantes $\{M_i\}_{i=1..l}$ et l fonctions scalaires $\{g_i\}_{i=1..l}$ vérifiant certaines équations différentielles non linéaires telles que localement (parfois globalement), $U(z_0; z)$ soit finiment représentée :

$$U(z_0; z) = \exp[g_1(z)M_1] \ldots \exp[g_l(z)M_l]. \qquad (5.12)$$

Question 5.2.4. *Comment calculer ces fonctions de coordonnée locale g_i, pour $i = 1..l$? De quelle type de fonctions sont elles ?*

Les réponses à ces questions ont besoin, naturellement, de l'étude de la structure de l'algèbre de Lie engendrée par les matrices $\{M_i\}_{i=1..l}$ comme dans [107, 139, 140] et conduisent à la construction, en la *structure duale* [119], des *fonctions spéciales associées obtenues comme les intégrales successives des coefficients de la matrice A* [77, 78].

5.2.2   Approche par le calcul symbolique non commutatif

Naturellement, comme l'a expliqué Cartier [29], le cas de la *monodromie unipotente* est tel que la série de Dyson est *finie* et dans ce cas, les coefficients de la matrice $U(z_0; z)$ sont des sommes finies d'intégrales itérées de Chen en les formes différentielles rationnelles.

Maintenant, dans le cas *non fini*, nous introduisons les matrices constantes linéairement indépendantes $\{M_i\}_{i=1,\ldots m}$ telles que :

$$A(z) = \sum_{i=1}^{m} v_i(z) M_i \tag{5.13}$$

et nous écrivons, comme dans [139, 140], le système (5.5) sous la forme d'un *système bilinéaire* :

$$\begin{cases} dq(z) & = & \sum_{i=1}^{m} M_i q(z)\, v_i(z) dz, \\ q(z_0) & = & \eta, \\ y(z) & = & \lambda q(z). \end{cases} \tag{5.14}$$

Dans cette forme, nous obtenons plusieurs avantages :

1. Les singularités de la matrice $A(z)$ sont mises en évidence et elles sont prises en compte "simultanément". Les entrées $v_i(z)$ indiquent quelles sont les intégrales itérées dont nous aurons besoin. En particulier, nous organiserons les calculs avec un nombre *minimum* mais *utile* d'intégrales itérées.

2. Symboliquement, il est plus facile de manipuler les crochets de Lie des matrices constantes que des matrices à coefficients méromorphes (les *polylogarithmes matriciels* introduits par Dupont [38]) qui conduisent souvent à des problèmes de décision en les *équations fonctionnelles en fonctions spéciales* (c'est réellement une difficulté même dans le cas des polylogarithmes [141, 142], voir également section 4.2.5).

3. Si le système bilinéaire (5.14) est de rang *minimal* alors suivant les méthodes de Fliess [51] et de Jacob [85], nous prouvons que sa *série génératrice* est *rationnelle*, sur un alphabet $X = \{x_1, \ldots, x_m\}$ en bijection avec les entrées $\{v_1, \ldots, v_m\}$, et admet (λ, μ, η) comme *représentation linéaire* (voir [10]). La formule Peano-Baker (ou la série de Dyson) donne la sortie y comme l'évaluation du miroir de F, par rapport aux formes différentielles $\omega_i = v_i(z)dz$:

$$F = \sum_{w \in X^*} [\lambda\mu(w)\eta] w \quad \text{et} \quad y = \sum_{w \in X^*} [\lambda\mu(w)\eta]\alpha(\widetilde{w}). \tag{5.15}$$

La matrice $\sum_{w \in X^*} \mu(w)\, \alpha_{z_0}^{z}(\widetilde{w})$ correspond à la série de Dyson et est encore appelée la *matrice fondamentale de solution* de (5.14). Par conséquent, la description des solutions peut être faite dans le contexte des séries formelles en variables non commutatives.

4. La formule Peano-Baker précédente a mis en évidence une dualité entre la série génératrice de Fliess F et la série de Chen C :

$$F = \sum_{w \in X^*} [\lambda \mu(w) \eta] w \quad \text{et} \quad C = \sum_{w \in X^*} \alpha(w)\, w. \qquad (5.16)$$

Cette dualité a été étudiée dans [66], suite à [51]. En particulier, les études de la graduation de la série C [66, 72] :

$$C = \sum_{k \geq 0} \sum_{w \in x_0^*(X \smallsetminus \{x_0\} x_0^*)^k} \alpha(w)\, w. \qquad (5.17)$$

et de sa factorisation via des mots de Lyndon-Širšov [66, 76] (voir les notations de la section 3.5.5) :

$$C = \prod_{l \in S} \exp[\alpha(R_l) Q_l] \qquad (5.18)$$

ont conduit aux résultats suivants :

5.2.3 Résultats obtenus

Les principaux bénéfices de l'approche par les séries génératrices sont les résultats positifs pour des questions de décidabilité, et les identités en les séries rationnelles en variables non commutatives interprétées comme équations fonctionnelles en les fonctions spéciales. Par exemple, il est décidable si une série génératrice est finie (voir [10]). Par conséquent, dans le cas positif, la sortie associée est une somme finie d'intégrales itérées et elle peut être exprimée comme un polynôme en les éléments basiques, obtenus comme les évaluations des mots de Lyndon-Širšov, ou avec les éléments d'autres bases de transcendance de l'algèbre de mélange [117, 119, 134]. Si l'on veut généraliser le précédent procédé aux cas non finis, il est utile de donner les conditions nécessaires (et suffisantes) permettant d'exprimer complètement la sortie.

Dans ce qui suit, sans perdre de généralité, nous considérons le cas des représentations linéaires *minimales* des séries rationnelles. Dans le cas contraire, nous pouvons utiliser l'*algorithme de minimalisation* pour réduire les représentations linéaires (voir [10]).

Question 5.2.5. *Comment obtenir les expressions rationnelles des séries rationnelles à partir de leur représentation linéaires minimale ?*

Notons que ces expressions rationnelles sont nécessaires pour effectuer des simulations avec les logiciels développés dans [15, 13, 14]. Pour cela, nous explicitons différentes descriptions syntaxiques des séries génératrices pour les *décompositions basiques*, puis nous prenons l'évaluation pour obtenir la sortie comme une décomposition en les *solutions basiques*. Plus précisément, en examinant la représentation linéaire *minimale* (λ, μ, η) de la série génératrice F [10], nous présentons plusieurs techniques pour calculer les solutions exactes ou approchées du système différentiel associé :

1. Si F est échangeable alors les matrices $\{\mu(x)\}_{x \in X}$ commutent entre elles deux à deux (et inversement). Dans ce cas, la série rationnelle F se décompose en somme finie de mélanges de séries rationnelles sur une seule lettre. Par conséquent, la sortie y peut être exprimée comme une combinaison de fonctions élémentaires [77, 78].

Exemple 5.2.1 ([77]). *Soit la représentation linéaire de la série rationnelle F_1 suivante :*

$$\lambda = \begin{pmatrix} 1 & 0 \end{pmatrix}, \quad \mu(x_0) = \begin{pmatrix} 1 & 1 \\ 0 & 1 \end{pmatrix} \quad \mu(x_1) = \begin{pmatrix} 1 & -1 \\ 0 & 1 \end{pmatrix}, \quad \gamma = \begin{pmatrix} 0 \\ 1 \end{pmatrix}.$$

Ici, la série est échangeable (car $\mu(x_0 x_1) = \mu(x_1 x_0)$) et nous avons :

$$
\begin{aligned}
F_1 &= \begin{pmatrix} 1 & 0 \end{pmatrix} \begin{pmatrix} x_0^* & x_0^* x_0 x_0^* \\ 0 & x_0^* \end{pmatrix} \begin{pmatrix} 1 \\ 0 \end{pmatrix} \uplus \begin{pmatrix} 1 & 0 \end{pmatrix} \begin{pmatrix} x_1^* & -x_1^* x_1 x_1^* \\ 0 & x_1^* \end{pmatrix} \begin{pmatrix} 0 \\ 1 \end{pmatrix} \\
&+ \begin{pmatrix} 1 & 0 \end{pmatrix} \begin{pmatrix} x_0^* & x_0^* x_0 x_0^* \\ 0 & x_0^* \end{pmatrix} \begin{pmatrix} 0 \\ 1 \end{pmatrix} \uplus \begin{pmatrix} 0 & 1 \end{pmatrix} \begin{pmatrix} x_1^* & -x_1^* x_1 x_1^* \\ 0 & x_1^* \end{pmatrix} \begin{pmatrix} 0 \\ 1 \end{pmatrix} \\
&= x_0^* \uplus x_1^* \uplus x_0 - x_0^* \uplus x_1^* \uplus x_1 \\
&= x_0^* \uplus x_1^* \uplus (x_0 - x_1).
\end{aligned}
$$

Pour les formes différentielles $\omega_0 = dz/z$ et $\omega_1 = dz/(1-z)$, nous avons :

$$\alpha_{z_0}^z (F_1) = \frac{z}{z_0} \frac{1 - z_0}{1 - z} \log(\frac{z}{z_0} \frac{1 - z}{1 - z_0}).$$

2. Si F est finie alors il existe une base de transcendance de l'algèbre de mélange des polynômes sur X (théorème de Radford [117]) telle que la série rationnelle F se décompose en "éléments simples". Par conséquent, la sortie y peut être exprimée comme un polynôme en fonctions élémentaires et en *fonctions de Dirichlet* (voir chapitre 4.3, [77, 78]).

Si l'algèbre de Lie engendée par les matrices $\{\mu(x)\}_{x \in X}$ est *nilpotente* alors la série rationnelle F est finie (et inversement). D'après ce qui précède et passant par la "factorisation en produit fini", la sortie y peut être exprimée comme un polynôme en fonctions élémentaires et en fonctions de Dirichlet. Ce résultat peut être étendu, grâce au théorème de Wei-Norman au cas d'une algèbre de Lie *résoluble* [139, 140].

Exemple 5.2.2 ([77]). *Soit la représentation linéaire de la série rationnelle F_2 suivante :*

$$\lambda = \begin{pmatrix} 1 & 0 & 0 \end{pmatrix}, \mu(x_0) = \begin{pmatrix} 0 & 1 & 0 \\ 0 & 0 & 0 \\ 0 & 0 & 0 \end{pmatrix}, \mu(x_1) = \begin{pmatrix} 0 & 0 & 0 \\ 0 & 0 & 1 \\ 0 & 0 & 0 \end{pmatrix}, \gamma = \begin{pmatrix} 0 \\ 0 \\ 1 \end{pmatrix}.$$

Par conséquent, nous avons $F_2 = x_0 x_1$. Avec les mêmes formes différentielles que dans l'exemple 5.2.1, nous avons

$$\alpha_0^z (F_1) = \mathrm{Li}_2(z).$$

Question 5.2.6. *Est-ce-que les fonctions de Dirichlet, contruites à partir des coefficients* $\{A_{i,j}\}_{i,j=1..n}$, *sont algébriquement indépendantes ? Comment calculer la monodromie de ces fonctions de Dirichlet ?*

3. Si F est combinaison linéaire des séries rationnelles de la forme $(c_0 x_0)^* x_{i_1}(c_1 x_0)^* \ldots x_{i_p}(c_p x_0)^*$ alors la sortie y peut être exprimée comme une somme finie de *fonctions de type hypergéométrique* (nous précisons ces fonctions au chapitre 4.3, [77, 78]).

Si la matrice $\left[\sum_{x \in X \smallsetminus \{x_0\}} \mu(x)\ x\right][\mu(x_0)\ x_0]^*$ est *nilpotente* alors la série rationnelle F se décompose en somme finie des séries rationnelles de la forme $(c_0 x_0)^* x_{i_1}(c_1 x_0)^* \ldots x_{i_p}(c_p x_0)^*$. D'après ce qui précède, la sortie y peut être exprimée comme une somme finie fonctions hypergéométriques.

Exemple 5.2.3 ([77]). *Soit la représentation linéaire de la série rationnelle* F_3 *suivante :*

$$\lambda = \begin{pmatrix} 1 & 0 \end{pmatrix}, \quad \mu(x_0) = \begin{pmatrix} 1 & 1 \\ 0 & 1 \end{pmatrix}, \quad \mu(x_1) = \begin{pmatrix} 0 & -1 \\ 0 & 0 \end{pmatrix}, \quad \gamma = \begin{pmatrix} 0 \\ 1 \end{pmatrix}.$$

Nous avons :

$$\rho(x_0^*) = \begin{pmatrix} x_0^* & x_0^* x_0 x_0^* \\ 0 & x_0^* \end{pmatrix}$$

et la matrice $\rho(x_1 x_0^*)$ *est nilpotente d'ordre* 2 :

$$\rho(x_1 x_0^*) = \begin{pmatrix} 0 & -x_1 x_0^* \\ 0 & 0 \end{pmatrix}.$$

Par conséquent :

$$F_3 = x_0^* x_0 x_0^* - x_0^* x_1 x_0^* = x_0^* \,\text{ш}\, (x_0 - x_1).$$

Pour les mêmes formes différentielles que dans l'exemple 5.2.1, nous avons :

$$\alpha_{z_0}^z(F_3) = \frac{z}{z_0} \log\left(\frac{z}{z_0}\frac{1-z}{1-z_0}\right).$$

Question 5.2.7. *Est-ce-que les fonctions de type hypergéométrique, construites à partir des coefficients* $\{A_{i,j}\}_{i,j=1..n}$, *sont algébriquement indépendantes ? Comment calculer la monodromie de ces fonctions de type hypergéométrique ?*

Les réponses positives à ces questions confirmeront le fait que pour exprimer les solutions des équations différentielles à coefficients méromorphes que l'on a besoin d'introduire une nouvelle classe de fonctions contenant, en particulier, les fonctions hypergéométriques et les fonctions de Dirichlet construites à partir des coefficients des équations, comme prévu par Poincaré et réalisé par Lappo-Danilevsky [100] et Dupont [38] en introduisant respectivement les *hyperlogarithmes* et les *polylogarithmes matriciels*. Un calcul de la monodromie des polylogarithmes est déjà proposé dans [80], le problème reste ouvert pour les fonctions hypergéométriques et les fonctions de Dirichlet (sauf pour celles qui peuvent se décomposer en sommes finies et en produits finis de polylogarithmes, car le calcul se déduit immédiatement).

5.3 Intégration des équations intégrales singulières des arbres quadrants

Les structures hiérarchiques (et spatiales) comme les arbres binaires, les arbres n-aires, ou encore les arbres quadrants (les *quadtrees*) [120, 121] sont des outils importants pour la compactification et la manipulation des images complexes, pour la gestion des systèmes d'informations géographiques, pour les requêtes portant sur des données multidimensionnelles, ...

Ces structures sont fortement récursives ce qui a beaucoup simplifié les implantations sur ordinateur et les algorithmes inhérents à leur manipulations. Le problème d'évaluation des arbres quadrants, posé par leurs inventeurs (Bentley et Finkel 1974) dans [4, 5], a été étudié dans [60, 46, 44, 93, 94, 95] pour fournir une analyse distributionnelle des coûts. Tout récemment, Laforest, Labelle, Flajolet et Salvy ont établi l'existence de formules explicites de forme hypergéométrique pour ces questions [49]. Ceci permet notamment, via l'analyse asymptotique complexe des coefficients de ces formes hypergéométriques, de quantifier très précisément les taux d'occupation mémoire dans un contexte paginé. Ces études conduisent aux sommes harmoniques et aux sommes d'Euler-Zagier (voir section 5.4).

Dans ce qui suit, nous allons reprendre l'équation intégrale des arbres quadrants, comme application de base pour nous convaincre de la nature des liens entre les nombres spéciaux (voir section 5.4) et les fonctions spéciales (voir section 4) vérifiant les équations intégro-différentielles en présence de singularités (voir aussi section 5.2).

5.3.1 Position du problème

Dans le domaine de la recherche multidimensionnelle, Flajolet [44], Labelle et Laforest [94, 95] sont amenés à étudier l'équation intégrale suivante ($d \geq 1$) [60, 46, 44, 49, 93, 94, 95]

$$e(z) = p(z) + 2^d \alpha_0^z(e; x_1 x_0^{d-1}), \tag{5.19}$$

avec les formes différentielles

$$\omega_1 = \frac{dz}{1-z} \quad \text{et} \quad \omega_0 = \frac{dz}{z(1-z)}. \tag{5.20}$$

La solution de cette équation intégrale est alors l'évaluation de la série rationnelle $(2^d x_1 x_0^{d-1})^*$:

$$e(z) = \alpha_0^z[p; (2^d x_1 x_0^{d-1})^*]. \tag{5.21}$$

Exemple 5.3.1. *Pour $d = 2$, nous avons :*

$$
\begin{aligned}
e(z) &= p(z) + 4\alpha_0^z(e; x_1 x_0) \\
&= p(z) + 4 \int_0^z \int_0^s e(r) \frac{dr}{1-r} \frac{ds}{s(1-s)}.
\end{aligned}
$$

La solution de cette équation intégrale est alors $\alpha_0^z[p; (4x_1x_0)^*]$.

Pour $d > 0$, les méthodes d'itération de Picard consistent alors à approximer la série $(2^d x_1 x_0^{d-1})^*$ par les combinaisons linéaires de monômes $(x_1 x_0^{d-1})^j$. L'évaluation, avec le noyau g, de chacun d'eux étant une fonction de Dirichlet (voir section 4.3). En effet, en posant :

$$g(z) = \frac{z}{z-1} \tag{5.22}$$

et nous avons :

$$\omega_1 = -\frac{dg}{1-g} \quad \text{et} \quad \omega_0 = \frac{dg}{g}. \tag{5.23}$$

Exemple 5.3.2. *En calculant systématiquement, pour différents noyaux g, les évaluations $\alpha_0^z(g; x_1 x_0^{d-1})$ et $\alpha_0^z(g; x_1 x_0^{d-1} x_1 x_0^{d-1})$, nous avons par exemple (voir [77] pour plus de précision de calcul)*

g	$\alpha(g; x_1 x_0^{d-1})$	$\alpha(g; x_1 x_0^{d-1} x_1 x_0^{d-1})$
1	$-\sum\limits_{k\geq 1} \dfrac{g^k}{k^d}$	$\sum\limits_{k\geq 2} H_{k-1}^{(d)} \dfrac{g^k}{k^d}$
$\left(\dfrac{z}{z-1}\right)^\nu$	$-\sum\limits_{k\geq 1} \dfrac{g^{k+\nu}}{(k+\nu)^d}$	$\sum\limits_{k\geq 2}\left[\sum\limits_{l=1}^{k-1} \dfrac{1}{(l+\nu)^d}\right] \dfrac{g^{k+\nu}}{(k+\nu)^d}$
$\dfrac{z^{\nu-1}}{(z-1)^\nu}$	$-\dfrac{d!}{(n+d)!} g^{n+d}$	$\dfrac{d!}{(n+d)!} \sum\limits_{k\geq 2} \dfrac{g^{k+\nu+d}}{(k+\nu+d)^d}$
$\dfrac{z^{\nu+1}}{(z-1)^\nu}$	$\sum\limits_{k\geq 2}(k-1)\dfrac{g^{k+\nu}}{(k+\nu)^d}$	$-\sum\limits_{k\geq 2}\left[\sum\limits_{l=1}^{k-1} \dfrac{l-1}{(l+\nu)^d}\right] \dfrac{g^{k+\nu}}{(k+\nu)^d}$
$\dfrac{1}{\nu!}\left[\log\left(\dfrac{1}{1-z}\right)\right]^\nu$	$-\sum\limits_{k\geq\nu} \dfrac{S_k^{(k-\nu)}}{(k-1)!} \dfrac{g^k}{k^d}$	$\sum\limits_{k\geq\nu}\left[\sum\limits_{l=2}^{k-1} \dfrac{S_l^{(l-\nu)}}{l^d(l-1)!}\right] \dfrac{g^k}{k^d}$

où $\nu \geq 1$, les $S_k^{(p)}$ sont les nombres de Stirling de première espèce et les $H_k^{(n)}$ sont les nombres harmoniques généralisées.

5.3.2 Quelques expérimentations avec Maple

En différenciant d fois, l'évaluation de la série rationnelle $(2^d x_1 x_0^{d-1})^*$ est équivalente à l'intégration de l'équation différentielle suivante (avec les conditions initiales non mentionnées)

$$(1-z)\frac{d}{dz}\left[z(1-z)\frac{d}{dz}\right]^{d-1} e(z) = (1-z)\frac{d}{dz}\left[z(1-z)\frac{d}{dz}\right]^{d-1} p(z) + 2^d e(z). \tag{5.24}$$

L'utilisation directe de Maple ne donne pas une solution simple, sauf dans le cas $d = 1$ puisque, d'après le théorème de convolution 3.4.3, nous obtenons :

$$e(z) = \alpha_0^z[p; (2x_1)^*] = \frac{1}{(1-z)^2} \int_0^z (1-s)^2 dp(s) \tag{5.25}$$

et pour $d = 2$, où elle peut être obtenue, comme cela a été fait par Gonnet et Baeza-Yates [60] et par Hoshi et Flajolet [46], par subtitution des expressions suivantes de $K(z,t)$ et de $e(z)$:

$$K(z,t) = -\frac{z(1-t)[14 + (t+1)z + 2tz^2] + 2(1+2z)(1+2tz)\log(t)}{(1-tz)^3}, \tag{5.26}$$

$$e(z) = p(z) + \frac{2z}{(1-z)^2} \int_0^1 K(z,t)p(tz)dt, \tag{5.27}$$

en obtenant l'équation différentielle suivante

$$\left(z(1-z)\frac{d}{dz}\right)^2 w(z) - 4zw(z) = 4zp(z), \tag{5.28}$$

où $w(z) = e(z) - p(z)$. Indépendamment, en expérimentant avec Maple, Labelle et Laforest ont trouvé le même résultat [93, 94].

Nous avons vérifié les expériences précédentes en Maple avec Labelle et nous avons intégré l'équation différentielle suivante, après avoir effectué le changement de variable $u = z/(z-1)$ (ce changement est involutif !), pour $d = 2$

$$(1-u)\frac{d}{du}\left(u\frac{d}{du}\right)f(u) = (1-u)\frac{d}{du}\left(u\frac{d}{du}\right)\pi(u) + 4f(u) \tag{5.29}$$

en deux étapes :

1. En utilisant la fonction dsolve de Maple avec $\pi(u)$ égal à la fonction constante et égale à 1, nous avons obtenu la solution suivante (c_1 et c_2 sont des constantes d'intégration) :

$$f(u) = c_1(1 - 4u + 3u^2) + c_2\left[\frac{5}{2} - 3u + (1 - 4u + 3u^2)\log\frac{u}{u-1}\right]. \tag{5.30}$$

Avec un choix convenable des conditions initiales, nous pouvons prendre $c_1 = 1$ et $c_2 = 0$. Après avoir effectué le changement de variable $z = u/(u-1)$, nous avons retrouvé la solution rationnelle de Labelle et Laforest dans [94]

$$e(z) = \frac{1+2z}{(z-1)^2}. \tag{5.31}$$

2. En utilisant la fonction dsolve de Maple avec $\pi(u)$ la fonction $\mathrm{Dirac}(u-t)$, nous avons obtenu le noyau $K(u,t)$ correspondant.

Pour $d > 3$, nous n'avons pas obtenu des expressions intéressantes avec Maple.

5.3.3 Notre but

En fait, pour les cas généraux, Labelle et Laforest [94, 95] ont prouvé l'existence *expéri-mentalement* (puis justifiée plus tard) de d séries $w_0(z,t), w_1(z,t), \ldots, w_{d-1}(z,t)$ et d'un noyau $K_d(z,t)$ tels que :

$$K_d(z,t) = w_0(z,t) + w_1(z,t)(-\log t) + \ldots + w_{d-1}(z,t)(-\log t)^{d-1}, \tag{5.32}$$

$$e(z) = p(z) + \int_0^1 K_d(z,t)p(tz)dt. \tag{5.33}$$

Mais ces auteurs n'ont pas donné de moyen pour expliciter ces $\{w_i(z,t)\}_{i=0..d-1}$. Notre but est alors de déterminer l'équation de Volterra que vérifie $e(z)$ et de construire une classe de fonctions spéciales pour exprimer le noyau $K_d(z,t)$ après avoir obtenu le système d'équations intégrales et le système d'équations symboliques. Ce travail n'est pas encore achevé mais il nous permet de comprendre l'équation intégrale des arbres quadrants et d'expliquer le lien de cette équation avec les fonctions spéciales en exploitant sa structure syntaxique :

1. **Equation de convolution.** Puisque

$$(2^d x_1 x_0^{d-1})^* = 1 + 2^d (2^d x_1 x_0^{d-1})^* x_1 x_0^{d-1} \tag{5.34}$$

alors

$$\alpha_0^z[p; (2^d x_1 x_0^{d-1})^*] = p(z) + 2^d \alpha_0^z\left[\alpha[p; (2^d x_1 x_0^{d-1})^* x_1]; x_0^{d-1}\right]. \tag{5.35}$$

On peut alors, d'après le théorème de convolution, écrire l'équation intégrale précédente sous la forme d'une équation de Volterra de paramètre $\lambda = 2^d$ et à noyau $K_d(z,s)$ séparé :

$$\mathcal{K}_d(z,s) = \frac{[\log(g(z)) - \log(g(s))]^{d-1}}{(d-1)!} = \sum_{j=0}^{d-1} a_j(z)b_j(s), \tag{5.36}$$

où $a_j = 2^d[\log(g)]^j/j!$ et $b_j = [-\log(g)]^{d-1-j}/(d-1-j)!$ pour tout j vérifiant $0 \le j \le d-1$. Ainsi :

$$e(z) = p(z) + \int_0^z e(s)\mathcal{K}_d(z,s)\frac{ds}{1-s} = p(z) + \sum_{j=0}^{d-1} a_j(z)e_j(z), \tag{5.37}$$

où pour $j = 0, \ldots, d-1$, nous avons posé

$$e_j(z) = \int_0^z e(s)b_j(s)\frac{ds}{1-s}. \tag{5.38}$$

2. **Système d'équations intégrales.** En multipliant l'équation (5.34) par b_i, nous avons

$$b_i(z)e(z) = b_i(z)p(z) + \sum_{j=0}^{d-1} q_{i,j}(z)e_j(z), \tag{5.39}$$

où pour i et $j = 0, \ldots, d-1$, nous avons posé $q_{i,j}(z) = b_i(z)a_j(z)$. L'intégration de cette nouvelle équation intégrale nous donne un système d'équations intégrales en les inconnues e_i dont l'existence et l'unicité de la solution conditionnent celle de l'équation intégrale initiale (5.19)

$$e_i(z) = \int_0^z p(s)b_i(s)\frac{ds}{1-s} + \sum_{j=0}^{d-1} \int_0^z e_j(s)q_{i,j}(s)\frac{ds}{1-s}. \tag{5.40}$$

3. **Système d'équations symboliques.** Maintenant, considérons le symbole P tel que :

$$\alpha_0^z(P) = \frac{p(z)}{2^d} \tag{5.41}$$

et pour tout $i = 0, \ldots, d-1$, considérons le symbole E_i tel que

$$\alpha_0^z(E_i) = e_i(z). \tag{5.42}$$

Introduisons aussi les symboles $\{Q_{i,j}\}_{i,j=0,\ldots,d-1}$ suivants tels que :

$$\alpha_0^z(f; Q_{i,j}) = \int_0^z f(s)q_{i,j}(s)\frac{ds}{1-s}. \tag{5.43}$$

Le système d'équations symboliques associé :

$$E_i = PQ_{i,0} + \sum_{j=0}^{d-1} E_j Q_{i,j}, \quad i = 0, \ldots, d-1 \tag{5.44}$$

peut être résoudre symboliquement en utilisant le *lemme de l'étoile*, et les *fractions continues non commutatives* [43]

$$E_{d-1} = \left[PQ_{d-1,0} + \sum_{j=0}^{d-2} E_j Q_{1,j} \right] Q_{d-1,d-1}^*, \tag{5.45}$$

$$\begin{aligned} E_{d-2} = &\left[P[Q_{d-1,0}Q_{d-1,d-1}^*Q_{d-2,d-1} + Q_{d-2,0}] \right. \\ &+ \left. \sum_{j=0}^{d-3} E_j[Q_{d-1,j}Q_{d-1,d-1}^*Q_{d-2,d-1} + Q_{d-2,j}] \right] \\ &[Q_{d-1,d-2}Q_{d-1,d-1}^*Q_{d-2,d-1} - Q_{d-1,d-1}]^*, \end{aligned} \tag{5.46}$$

$$\vdots$$

Par conséquent, la résolution du système d'équations intégrales issu de l'étude des arbres quadrants, consiste aussi à calculer l'évaluation de la série rationnelle E_i par rapport aux formes différentielles

$$
\begin{cases}
\omega_P & = & \dfrac{dp(z)}{2^d} \\
\omega_{Q_{i,j}} & = & (-1)^{d-1-i} 2^d \dfrac{[\log(g(z))]^{d-1-i+j}}{(d-1-i)! j!} \dfrac{dz}{1-z},
\end{cases}
\tag{5.47}
$$

et la solution est la somme suivante (à comparer avec [95])

$$
e(z) = p(z) + 2^d \sum_{j=0}^{d-1} \frac{[\log(g(z))]^j}{j!} \alpha_0^z(E_j).
\tag{5.48}
$$

Notons aussi que, pour $j = 0, \ldots, d-1$, chaque série rationnelle E_j est de la forme $P F_j$. Par conséquent, l'évaluation de ces séries peut être effectuée en deux étapes. La première est l'évaluation de la série rationnelle F_j en les variables non commutatives $\{Q_{i,j}\}_{1 \le i,j \le d-1}$. D'après la section 5.2.3, point 2., cette évaluation est une fonction en les $g_1, \ldots g_l$. La seconde consiste en une "convolution avec P" (voir théorème 3.4.3) conduisant aux noyaux $w_j(z,t)$ de [94].

4. **Cas** $d = 2$. D'après l'exemple 5.3.1, nous avons les équations symboliques correspondantes suivantes :

$$
\begin{aligned}
E_0 & = -(P + E_0)Q_{1,1} + E_1 Q_{0,1}, & (5.49) \\
E_1 & = (P + E_0)Q_{1,0} + E_1 Q_{1,1}. & (5.50)
\end{aligned}
$$

Appliquons le lemme de l'étoile à l'équation (5.50), on a :

$$
E_1 = (P + E_0)Q_{1,0}Q_{1,1}^*.
\tag{5.51}
$$

Puis, en subtituant E_1 dans l'équation (5.49), on a :

$$
E_0 = P[(Q_{1,0}Q_{1,1}^* Q_{0,1} - Q_{1,1})^* - 1]
\tag{5.52}
$$

et on déduit que :

$$
E_1 = P(Q_{1,0}Q_{1,1}^* Q_{0,1} - Q_{1,1})^*.
\tag{5.53}
$$

D'où :

$$
\begin{aligned}
e(z) & = 4\alpha_0^z(P) + 4\alpha_0^z(E_0) + 4\log(g(z))\alpha_0^z(E_1) & (5.54) \\
& = [1 + \log(g(z))]\alpha_0^z[P(Q_{1,0}Q_{1,1}^* Q_{0,1} - Q_{1,1})^*]. & (5.55)
\end{aligned}
$$

Par conséquent, la résolution de l'équation initiale consiste aussi en l'évaluation de la
série rationnelle $P(Q_{1,0}Q_{1,1}^*Q_{0,1} - Q_{1,1})^*$ par rapport aux formes différentielles (chaque
forme différentielle est indicée par 1 symbole désignant un symbole précédemment introduit) :

$$
\begin{cases}
\omega_P & = \dfrac{dp(z)}{4dz}, \\[2mm]
\omega_{Q_{1,0}} & = \dfrac{4}{1-z}, \\[2mm]
\omega_{Q_{1,1}} & = 4\log\left(\dfrac{z}{z-1}\right)\dfrac{dz}{1-z}, \\[2mm]
\omega_{Q_{0,1}} & = -4\log^2\left(\dfrac{z}{z-1}\right)\dfrac{dz}{1-z}.
\end{cases}
\tag{5.56}
$$

Cette évaluation peut être calculée à l'aide l'évaluation de la série rationnelle $(Q_{1,0}Q_{1,1}^*Q_{0,1} - Q_{1,1})^*$ suivie par une convolution avec le "second membre" [79].

5.4 Sommes d'Euler-Zagier

5.4.1 Fonction ζ et fonction η

Les premiers calculs concernant la fonction ζ sont faits par Euler. Cette fonction est définie,
pour $k \in \mathbb{N}$, par la série suivante :

$$
\zeta(k) = \sum_{n=1}^{\infty} \frac{1}{n^k}.
\tag{5.57}
$$

Elle est convergente pour $k \geq 2$. Euler a établi que $\zeta(2p)$ est un multiple rationnel de π^{2p}. En
particulier $\zeta(2) = \pi^2/6$. On ne connaît encore rien pour les $\zeta(2p+1)$. Euler a prouvé que $\zeta(2)$
est irrationnel. En 1978, en utilisant la formule de Hjortnaes [63] :

$$
\zeta(3) = \frac{5}{2} \sum_{k \geq 1} \frac{(-1)^{k+1}}{\binom{2k}{k}k^3},
\tag{5.58}
$$

Apéry a approuvé que $\zeta(3)$ est irrationnel [1, 131, 132]. On ne connaît encore rien sur la
nature d'irrationnalité des $\zeta(2p+1), p \geq 2$. Certaines formules *expérimentales* analogues aux
formules de Hjortnaes sont proposées par Borwein et Bradley pour $\zeta(4n+3)$ [20].

A la somme $\zeta(k)$, on associe traditionnellement la fonction

$$
\eta(k) = \sum_{n=1}^{\infty} \frac{(-1)^k}{n^k}
\tag{5.59}
$$

vérifiant l'identité suivante :

$$\eta(k) = (1 - 1/2^{k-1})\zeta(k). \tag{5.60}$$

Le lecteur peut vérifier aisément que les sommes ζ et η sont la valeur en 1 des polylogarithmes $\mathrm{Li}_{x_1 x_0^{k-1}}$ et $\mathrm{Li}_{x_{-1} x_0^{k-1}}$ qui sont l'évaluation des mots $x_1 x_0^{k-1}$ et $x_{-1} x_0^{k-1}$ respectivement sur $X = \{x_0, x_1, x_{-1}\}$:

$$\zeta(k) = \alpha_0^1(x_1 x_0^{k-1}) \quad \text{et} \quad \eta(k) = \alpha_0^1(x_{-1} x_0^{k-1}), \tag{5.61}$$

par rapport aux formes différentielles :

$$\omega_0 = \frac{dz}{z}, \quad \omega_1 = \frac{dz}{1-z} \quad \text{et} \quad \omega_{-1} = \frac{dz}{1+z}. \tag{5.62}$$

Il convient aussi de noter

$$\zeta(k) = \zeta(x_1 x_0^{k-1}) \quad \text{et} \quad \eta(k) = \zeta(x_{-1} x_0^{k-1}). \tag{5.63}$$

D'après le lemme de convolution (voir section 3.4), nous retrouvons une représentation intégrale permettant d'assurer le prolongement analytique de ζ et η :

$$\zeta(k) = \int_0^1 \frac{[\log(1/s)]^{k-1}}{\Gamma(k)} \frac{ds}{1-s} \quad \text{et} \quad \eta(k) = \int_0^1 \frac{[\log(1/s)]^{k-1}}{\Gamma(k)} \frac{ds}{1+s}. \tag{5.64}$$

Le théorème de convolution (voir section 3.4) a déjà fourni des sommations des polyloga-rithmes à la section 4.3.3. Plus précisément, à partir de l'évaluation des séries formelles $x_1(x_0 \,{\scriptstyle\sqcup\!\sqcup}\, x_0^*)$ et $x_{-1}(x_0 \,{\scriptstyle\sqcup\!\sqcup}\, x_0^*)$, nous avons obtenu les sommations de ζ et η [78] :

$$\sum_{n \geq 2} (-1)^n n\zeta(n+1) = 1, \tag{5.65}$$

$$\sum_{n \geq 2} (-1)^n n\eta(n+1) = \frac{\pi^2}{6} - 1. \tag{5.66}$$

Et à partir de l'évaluation des séries formelles $x_1(tx_0^*)$ et $x_{-1}(tx_0^*)$, c'est-à-dire à partir des fonctions génératrices des polylogarithmes suivantes (voir Théorème 4.3.1) :

$$\sum_{n \geq 0} t^n \mathrm{Li}_{x_1 x_0^n}(z) = z^t \int_0^z \frac{ds}{s^t(1-s)}, \tag{5.67}$$

$$\sum_{n \geq 0} t^n \mathrm{Li}_{x_{-1} x_0^n}(z) = z^t \int_0^z \frac{ds}{s^t(1+s)}, \tag{5.68}$$

nous avons obtenu plusieurs sommations des polylogarithmes. En spécialisant ces sommes en
$z = 1$, certaines sont convergentes et nous donnent également les sommations des ζ [78] :

$$\sum_{p \geq 1} (-1)^{p-1} \zeta(2p) \ = \ \frac{\pi}{e^{2\pi} - 1} + \frac{\pi}{2} - \frac{1}{2}, \tag{5.69}$$

$$\sum_{p \geq 1} (-1)^p \eta(2p - 1) \ = \ \sum_{k \geq 1} \frac{(-1)^k k}{1 + k^2}, \tag{5.70}$$

$$\sum_{n \geq 1} (-1)^n \eta(n) \ = \ \log 2 - 1, \tag{5.71}$$

$$\sum_{p \geq 1} (-1)^p \eta(2p) \ = \ \frac{\pi}{e^\pi - 1} - \frac{\pi}{e^{2\pi} - 1} - \frac{1}{2}. \tag{5.72}$$

La sommation suivante est obtenue de la même manière et en effectuent le changement de
variable $z := z^k$, pour $k > 1$, dans l'intégrale du membre droit de (4.78) :

$$\sum_{n \geq 1} \left(\frac{k - 1}{k} \right)^n \mathrm{Li}_n(-z^k) = -\frac{k^2 z^{k-1}}{k - 1} \int_0^z \frac{ds}{1 + s^k}. \tag{5.73}$$

Puis en prenant respectivement $k = 2, 3, 4, 5, 6$, nous obtenons (ici, nous avons utilisé le fait
que $\mathrm{Li}_n(-1) = -\eta(n)$) :

$$\sum_{n \geq 1} \left(\frac{1}{2} \right)^n \eta(n) = \pi, \tag{5.74}$$

$$\sum_{n \geq 1} \left(\frac{2}{3} \right)^n \eta(n) = \frac{3}{2} \log 2 + \frac{\sqrt{3}}{2} \pi, \tag{5.75}$$

$$\sum_{n \geq 1} \left(\frac{3}{4} \right)^n \eta(n) = \frac{2\sqrt{2}}{3} [\log(3 + 2\sqrt{2}) + \pi], \tag{5.76}$$

$$\sum_{n \geq 1} \left(\frac{4}{5} \right)^n \eta(n) = \frac{15}{8} \ln(2) - \frac{5}{16} (1 + \sqrt{5}) \ln(3 - \sqrt{5}) - \frac{5}{16} (1 - \sqrt{5}) \ln(3 + \sqrt{5})$$

$$+ \frac{25 + 5\sqrt{5}}{4\sqrt{10 + 2\sqrt{5}}} \left[\arctan \frac{3 + \sqrt{5}}{\sqrt{10 + 2\sqrt{5}}} - \arctan \frac{-1 + \sqrt{5}}{\sqrt{10 + 2\sqrt{5}}} \right]$$

$$+ \frac{25 - 5\sqrt{5}}{4\sqrt{10 - 2\sqrt{5}}} \left[\arctan \frac{1 + \sqrt{5}}{\sqrt{10 - 2\sqrt{5}}} \right.$$

$$\left. - \arctan \frac{-3 + \sqrt{5}}{\sqrt{10 - 2\sqrt{5}}} \right], \tag{5.77}$$

$$\sum_{n \geq 1} \left(\frac{5}{6} \right)^n \eta(n) = \frac{6}{5} \pi + \frac{3\sqrt{3}}{5} \ln(7 + 2\sqrt{3}). \tag{5.78}$$

5.4.2   Sommes d'Euler et relations de Nielsen

Dans [109], Nielsen a voulu étudier la nature d'irrationnalité des $\zeta(2p+1), p \geq 1$, établir des formules analogues aux $\zeta(2p)$ mais sans avoir pu y parvenir. Avec une analyse élémentaire mais profonde, il a étudié les produits croisés des $\zeta(n)$ et $\eta(p)$ [109]. Son étude a fait apparaître quatre autres types de sommes d'Euler avec et sans l'alternance de signe :

$$c_{n,p} = \sum_{k \geq 2} \frac{H_{k-1}^{(p)}}{k^n}, \tag{5.79}$$

$$d_{n,p} = \sum_{k \geq 2} \frac{\overline{H}_{k-1}^{(p)}}{k^n}, \tag{5.80}$$

$$\delta_{n,p} = \sum_{k \geq 2} (-1)^k \frac{\overline{H}_{k-1}^{(p)}}{k^n}, \tag{5.81}$$

$$\gamma_{n,p} = \sum_{k \geq 2} (-1)^k \frac{H_{k-1}^{(p)}}{k^n}, \tag{5.82}$$

où les $\overline{H}_{k-1}^{(p)}$ et les $H_{k-1}^{(p)}$ sont les nombres harmoniques généralisés avec et sans l'alternance de signe. Euler a montré que pour $n + p \leq 13$ et $n + p$ impair, $c_{n,p}$ s'exprime en termes des $\zeta(n), \eta(n)$. Nielsen a noté $\zeta(n), \eta(n)$ par s_n, σ_n respectivement et il a démontré les relations suivantes entre les sommes d'Euler [109] :

$$s_n s_p = s_{n+p} + c_{n,p} + c_{p,n}, \qquad \text{(pour } n > 1, p > 1), \tag{5.83}$$

$$c_{n,p} = (-1)^n \sum_{\nu=0}^{p-2} \binom{n+\nu-1}{n-1} c_{n+\nu,p-\nu} + \sum_{\nu=0}^{n-2} (-1)^\nu \binom{p+\nu-1}{p-1} s_{n-\nu} s_{p+\nu}$$
$$- (-1)^n \binom{p+n-2}{p-1} [s_{p+n} + c_{1,p+n-1}] \qquad \text{(pour } n > 0, \ p > 1). \tag{5.84}$$

La relation (5.83) s'appelle la *formule de réflexion* et permet de déduire :

$$2c_{n,n} = s_n^2 + s_{2n} \qquad \text{(pour } n > 1). \tag{5.85}$$

La relation (5.84) s'appelle la *formule de réduction*. Elle est une conséquence de la *décomposition de Lagrange* et permet de déduire la relation suivante due à Euler :

$$s_{p+1} = \sum_{\nu=1}^{p-1} c_{\nu, p-\nu+1}, \qquad \text{(pour } p > 1). \tag{5.86}$$

De (5.83) et de (5.86), on peut tirer aussi [1] :

$$c_{1,p} = \frac{p}{2} s_{p+1} - \frac{1}{2} \sum_{\nu=2}^{p-1} s_\nu s_{p+1-\nu}, \qquad \text{(pour } p > 2). \tag{5.87}$$

---

1. Signalons que l'indice supérieur de la somme à droite est $p-1$ au lieu de $p-2$ comme indiqué dans [109].

Nielsen a donné également les relations analogues entre les autres sommes d'Euler avec l'alternance de signe. En exploitant la relation (5.84), Borwein, Borwein et Girgensohn dérivent des formules pressenties par Nielsen, donnant $c_{n,p}$ lorsque $n+p$ est *impair* [17]. On ne connaît toujours pas d'expression explicite lorsque $n+p$ est *pair* sauf pour les cas où $n+p = 4$ ou 6. Borwein, Borwein et Girgensohn ont montré également que dans le cas pair, ces sommes sont déterminées sauf $(n+p-2)/6$ termes, et elles sont considérées comme les *nouvelles constantes* [17].

Le lecteur peut vérifier aisément que les sommes $c_{n,p}, d_{n,p}, \delta_{n,p}$ et $\gamma_{n,p}$ sont la valeur en 1 des polylogarithmes $\mathrm{Li}_{x_1 x_0^{n-1} x_1 x_0^{p-1}}, \mathrm{Li}_{x_{-1} x_0^{n-1} x_1 x_0^{p-1}}, \mathrm{Li}_{x_{-1} x_0^{n-1} x_{-1} x_0^{p-1}}$ et $\mathrm{Li}_{x_1 x_0^{n-1} x_{-1} x_0^{p-1}}$, c'est-à-dire les évaluations suivantes, par rapport aux formes différentielles de (5.62) qu'il convient aussi de noter comme suit :

$$c_{n,p} = \alpha_0^1(x_1 x_0^{n-1} x_1 x_0^{p-1}) = \zeta(x_1 x_0^{n-1} x_1 x_0^{p-1}), \tag{5.88}$$

$$d_{n,p} = \alpha_0^1(x_{-1} x_0^{n-1} x_1 x_0^{p-1}) = \zeta(x_{-1} x_0^{n-1} x_1 x_0^{p-1}), \tag{5.89}$$

$$\delta_{n,p} = \alpha_0^1(x_{-1} x_0^{n-1} x_{-1} x_0^{p-1}) = \zeta(x_{-1} x_0^{n-1} x_{-1} x_0^{p-1}), \tag{5.90}$$

$$\gamma_{n,p} = \alpha_0^1(x_1 x_0^{n-1} x_{-1} x_0^{p-1}) = \zeta(x_1 x_0^{n-1} x_{-1} x_0^{p-1}). \tag{5.91}$$

D'après le lemme de convolution, nous obtenons une représentation par intégrale double permettant d'assurer le prolongement analytique de ces sommes d'Euler [78] :

$$\zeta(x_1 x_0^{n-1} x_1 x_0^{p-1}) = \int_0^1 \int_0^s \frac{[\log(s/r)]^{n-1}}{\Gamma(n)} \frac{[\log(1/s)]^{p-1}}{\Gamma(p)} \frac{dr}{1-r} \frac{ds}{1-s}, \tag{5.92}$$

$$\zeta(x_{-1} x_0^{n-1} x_1 x_0^{p-1}) = \int_0^1 \int_0^s \frac{[\log(s/r)]^{n-1}}{\Gamma(n)} \frac{[\log(1/s)]^{p-1}}{\Gamma(p)} \frac{dr}{1+r} \frac{ds}{1-s}, \tag{5.93}$$

$$\zeta(x_{-1} x_0^{n-1} x_{-1} x_0^{p-1}) = \int_0^1 \int_0^s \frac{[\log(s/r)]^{n-1}}{\Gamma(n)} \frac{[\log(1/s)]^{p-1}}{\Gamma(p)} \frac{dr}{1+r} \frac{ds}{1+s}, \tag{5.94}$$

$$\zeta(x_1 x_0^{n-1} x_{-1} x_0^{p-1}) = \int_0^1 \int_0^s \frac{[\log(s/r)]^{n-1}}{\Gamma(n)} \frac{[\log(1/s)]^{p-1}}{\Gamma(p)} \frac{dr}{1-r} \frac{ds}{1+s}. \tag{5.95}$$

Remarque 5.4.1.   *1.* Le théorème de convolution donne encore les sommations de ces sommes d'Euler (fonction génératrices de ces nombres) mais il conduit aux fonctions de Dirichlet (plus précisément aux fonctions ζ d'Hurwitz [77], voir également section 4.3).

2. Ces sommations rentreront parfaitement dans le cadre de l'accélération de la convergence des séries, car elles convergent lentement. Cette étude est forte intéressante pour l'interface entre le calcul formel et le calcul numérique. En effet, plusieurs constantes mathématiques s'expriment sous forme d'une somme convergente mais lentement de la forme :

$$C = \sum_{n \in A} f(\frac{1}{n}), \tag{5.96}$$

pour certaine partie A de $\mathbb{N}$ et pour certaine fonction analytique f dont le développement de Taylor en $z = 0$ est donné par :

$$f = \sum_m f_m z^m. \tag{5.97}$$

La convergence de certaines sommes peut être accélérée par les sommes de la forme [48, 133] :

$$C = \sum_m f_m \zeta_A(m), \tag{5.98}$$

où, $\zeta_A(s)$ est une somme partielle de $\zeta(s)$:

$$\zeta_A(s) = \sum_{n \in A} \frac{1}{n^s}. \tag{5.99}$$

3. Notons aussi que les relations (5.83)-(5.87) ne sont pas les relations fonctionnelles entre les polylogarithmes. Elles sont, en fait, valables en $z = 1$, c'est-à-dire en un point critique transcendant de ces polylogarithmes [111]. Ainsi, par exemple pour la formule de réflexion, nous vérifions que l'ordre, en tant que séries, de $\mathrm{Li}_{x_1 x_0^{n-1}} \mathrm{Li}_{x_1 x_0^{p-1}}$ et celui de $\mathrm{Li}_{x_1 x_0^{n-1} x_1 x_0^{p-1}} + \mathrm{Li}_{x_1 x_0^{p-1} x_1 x_0^{n-1}}$ sont 2, tandis que l'ordre de $\mathrm{Li}_{x_1 x_0^{n+p-1}}$ est 1. Parcontre, les relations algébriques entre les polylogarithmes $\mathrm{Li}_{x_1 x_0^{n-1} x_1 x_0^{p-1}}$ de l'exemple 4.2.3 restent valables pour les $\zeta(x_1 x_0^{n-1} x_1 x_0^{p-1})$. L'intersection de l'ensemble de ces deux types de relations nous a fourni une base Gröbner de l'idéal des relations entre les sommes d'Euler dans [79].

5.4.3   Sommes d'Euler-Zagier

Actuellement, de nombreux auteurs étudient le $\mathbb{Q}$-espace vectoriel engendré par les sommes d'Euler-Zagier $\zeta(s_1, \ldots, s_k)$ (voir définition 4.2.3) [50, 59, 82, 83, 145]. Cet espace vectoriel est inclus dans $\mathbb{R}$ et est fermé par produit. Nos travaux consistent alors à chercher les relations *algébriques* entre les $\zeta(w), w \in x_0 X^* x_1$. Nous étudions l'algèbre de ces sommes via la combinatoire des mots. Le théorème de Radford [117] permet de décomposer tout mot w dans la base de Lyndon-Širšov de l'algèbre mélange définie sur $\{x_0, x_1\}$, c'est-à-dire comme un polynôme (pour le produit commutatif "ш") en les mots de Lyndon. Une base de Gröbner de l'idéal des relations permet alors, par morphisme de l'algèbre de mélange, d'engendrer les relations entre les $\zeta(w)$.

On dispose de la conjecture suivante [149] :

Conjecture 5.4.1 (Zagier,[149]). *Soit d_n la dimension du $\mathbb{Q}$-espace vectoriel engendré par les $\zeta(w)$ et $|w| = n$. Alors :*

$$d_1 = 0, \quad d_2 = d_3 = 1, \quad d_n = d_{n-2} + d_{n-3}, \qquad n \geq 4.$$

Ainsi, en nous basant sur la base de Gröbner en Axiom à l'ordre 10 [79], puis celle en Maple à l'ordre 12 [12] et celle en $C{+}{+}$ [137] à l'ordre 13, on obtient un système de générateurs jusqu'à l'ordre 13, satisfaisant la conjecture de Zagier. Nous obtenons :

Théorème 5.4.1 ([79]). *Si la conjecture 5.4.1 est vraie alors la $\mathbb{Q}$-algèbre engendrée par les $\zeta(s)$ de poids $|s| \leq 13$ est libre et les valeurs suivantes sont algébriquement indépendantes :*

$$\zeta(2), \zeta(3), \zeta(5), \zeta(7), \zeta(9), \zeta(11), \zeta(13),$$
$$\zeta(2,6), \zeta(2,8), \zeta(2,10),$$
$$\zeta(1,2,8), \zeta(1,3,9), \zeta(1,2,10),$$
$$\zeta(1,1,2,8).$$

Nous pouvons donc conjecturer :

Conjecture 5.4.2 ([79]). *La $\mathbb{Q}$-algèbre des $\zeta(s)$ est une algèbre de polynômes.*

5.4.4   Comment engendrer une base de Gröbner de l'idéal des relations entre sommes d'Euler-Zagier ?

1. Une première famille de relations s'obtient en spécialisant en $z = 1$, les relations algébriques entre les polylogarithmes (voir section 4.2)

$$\mathrm{Li}_u(z)\,\mathrm{Li}_v(z) = \mathrm{Li}_{u \,\text{\cyrille{w}}\, v}(z), \qquad\qquad (5.100)$$

ce qui s'écrit :

Fait 5.4.1.

$$\forall u, v \in x_1 X^* x_0, \quad \zeta(u \,\text{\cyrille{w}}\, v) = \zeta(u)\zeta(v).$$

Corollaire 5.4.1. ζ *est un morphisme pour le produit "$\text{\cyrille{w}}$" de $x_1 \mathbb{Q}\langle X \rangle x_0$ dans $\mathbb{C}$.*

Exemple 5.4.1.

$$x_1 x_0 \,\text{\cyrille{w}}\, x_1 x_0 = 4 x_1 x_1 x_0 x_0 + 2 x_1 x_0 x_1 x_0,$$
$$\zeta(2)^2 = 4\zeta(1,3) + 2\zeta(2,2).$$

Exemple 5.4.2. *Les relations algébriques entre les polylogarithmes de l'exemple 4.2.3 restent valables pour les sommes d'Euler-Zagier.*

2. Une deuxième famille de relations s'obtient en spécialisant les relations de quasi-mélange entre fonctions quasi–symétriques [79]. En effet, nous introduisons l'alphabet $Y = \{y_i | i > 0\}$ dont chaque lettre y_i représente le mot $x_0^{i-1} x_1$ de X^*. Et chaque mot $x_0^{s_1-1} x_1 \cdots x_0^{s_k-1} x_1$ de X^*, se réécrit $y_{s_1} \cdots y_{s_k}$ dans Y^*. Le mot vide de Y^* est encore noté par 1. Nous notons aussi Y^* le monoïde engendré par Y. Et nous disposons alors un produit commutatif et associatif sur Y^*, le quasi-mélange, noté "$\star$" défini par :

Définition 5.4.1 ([57, 83]).

$$u \star v = \begin{cases} v & si \; u = 1, \\ (u' \star v)y_i + (u \star v')y_j + (u' \star v')y_{i+j} & si \; u = u'y_i \; et \; v = v'y_j. \end{cases}$$

Fait 5.4.2 (Hoffman, [83]).

$$\forall u, v \in Y^*, \quad \zeta(u \star v) = \zeta(u)\zeta(v).$$

Corollaire 5.4.2. ζ *est un morphisme pour le produit* "$\star$" *de* $y_1 \mathbb{Q}\langle Y \rangle$ *dans* $\mathbb{C}$.

Maintenant, pour chaque mot $w = y_{s_1} \cdots y_{s_k}$ dans Y^*, nous associons de manière biunivoque, le multi-indice $s = (s_1, \cdots, s_k)$. Ainsi :

Exemple 5.4.3.

$$\begin{aligned} y_2 \star y_3 y_1 &= y_2 y_3 y_1 + y_3 y_2 y_1 + y_3 y_1 y_2 + y_5 y_1 + y_3 y_3, \\ \zeta(y_2)\zeta(y_3 y_1) &= \zeta(y_2 y_3 y_1) + \zeta(y_3 y_2 y_1) + \zeta(y_3 y_1 y_2) + \zeta(y_5 y_1) + \zeta(y_3 y_3), \\ \zeta(2)\zeta(3,1) &= \zeta(2,3,1) + \zeta(3,2,1) + \zeta(3,1,2) + \zeta(5,1) + \zeta(3,3) \end{aligned}$$

Ce produit provient de *la théorie des fonctions quasi-symétriques*. Il est, en fait, une généralisation de la formule de réflexion (c'est-à-dire la relation (5.83) de la section 5.4.2). Rappelons aussi que la théorie des fonctions quasi-symétriques a été introduite en 1984 par Gessel (voir [57]) pour résoudre des problèmes d'énumération de permutations. Il a été relié récemment à la théorie des groupes quantiques par Krob, Thibon et Hivert (voir [92, 65]).

3. Une troisième famille de relations s'obtient en considérant l'opérateur différentiel D de Hoffman suivant :

$$\begin{aligned} D: \quad \mathbb{Q}\langle X \rangle &\longmapsto \mathbb{Q}\langle X \rangle, \\ p &\longmapsto x_1 \shuffle p - x_1 \star p. \end{aligned}$$

C'est un opérateur différentiel pour le produit de Cauchy :

$$\forall p, q \in \mathbb{Q}\langle X \rangle, \; D(pq) = (Dp)q + p(Dq) \tag{5.101}$$

vérifiant $D(x_0) = x_1 x_0$ et $D(x_1) = -x_1 x_0$. Les termes divergents $\zeta(x_1) = \sum_{n \geq 1} 1/n$ n'apparaissent pas dans $D(p)$.

Fait 5.4.3 (Hoffman, [83]).

$$\forall p \in x_1 \mathbb{Q}\langle X \rangle, \; D(p) \in \ker(\zeta).$$

Nielsen connaissait déjà ce théorème dans un cas particulier. On a, pour $p \geq 2$:

$$D(x_1 x_0^{p-1}) = \sum_{i=1}^{p-1} x_1 x_0^i x_1 x_0^{p-1-i} - x_1 x_0^p, \tag{5.102}$$

ce qui correspond à la formule d'Euler (5.86).

Avec ces deux produits et cet opérateur D de Hoffman, nous allons établir une base de Gröbner de l'idéal des relations entre les sommes d'Euler-Zagier. D'après les faits 5.4.1, 5.4.2 et 5.4.3, nous pouvons également conjecturer :

Conjecture 5.4.3. *Soient* $X = \{x_0, x_1\}$ *et* $\mathcal{H}_2 = \mathbb{Q} \oplus x_0 \mathbb{Q}\langle X \rangle x_1$.

L'application ζ *réalise un morphisme d'algèbre de la* $\mathbb{Q}$-*algèbre de mélange* $\mathcal{H}_2$ *dans la* $\mathbb{Q}$-*algèbre des sommes d'Euler-Zagier dont le noyau est de la forme :*

$$p = u \,\text{\tiny ш}\, v - u * v, \quad u, v \in x_0 X^* x_1,$$
$$p = x_1 \,\text{\tiny ш}\, v - x_1 * v, \quad v \in x_0 X^* x_1.$$

En fait, pour établir une base de Gröbner de l'idéal des relations entre les $\zeta(w)$, nous allons les restreindre aux $\zeta(w)$ indicés par les mots de Lyndon-Širšov. Car, par exemple, pour $w \in x_1 X^* x_0, |w| = 12$, il y a $2^{12-2} = 1024 \, \zeta(w)$ à calculer. Or, nous savons qu'il y a $\mu(12) = 335$ mots de Lyndon-Širšov (d'après la formule de Witt). Par conséquent, il y a 335 polylogarithmes qui sont algébriquement indépendants (ils sont indicés par ces mots de Lyndon-Širšov, voir section 4.2). Il suffit alors de chercher les relations entre les ζ indicés par les 335 mots de Lyndon-Širšov (voir [79]) :

$$\begin{cases} \forall l_1, l_2 \in \mathcal{L}, |l_1| \geq 2, |l_2| \geq 2, & \zeta(l_1 \,\text{\tiny ш}\, l_2) = \zeta(l_1 \star l_2) = \zeta(l_1)\zeta(l_2), \\ \forall l, \in \mathcal{L}, |l| \geq 2, & \zeta(l \,\text{\tiny ш}\, x_1 - l \star x_1) = 0. \end{cases} \tag{5.103}$$

De manière équivalente, nous cherchons, dans l'algèbre de mélange $\text{Sh}_C\langle X \rangle$, une base de Gröbner de l'idéal engendré par les relations :

$$\begin{cases} \forall l_1, l_2 \in \mathcal{L}, |l_1| \geq 2, |l_2| \geq 2, & l_1 \,\text{\tiny ш}\, l_2 - l_1 \star l_2 \in \ker \zeta, \\ \forall l, \in \mathcal{L}, |l| \geq 2, & l \,\text{\tiny ш}\, x_1 - l \star x_1 \in \ker \zeta. \end{cases} \tag{5.104}$$

La méthode consiste alors en une décomposition des polynômes

$$l_1 \,\text{\tiny ш}\, l_2 - l_1 \star l_2 \quad \text{et} \quad l \,\text{\tiny ш}\, x_1 - l \star x_1 \tag{5.105}$$

comme mélange des mots de Lyndon-Širšov. Ces mots de Lyndon-Širšov sont considérés comme de nouvelles variables commutatives permettant d'utiliser les techniques des bases de Gröbner. Le fait d'utiliser la base de Radford pour décomposer un polylogarithme Li_w a permis d'établir des relations *polynomiales* dont les coefficients sont "moins gros" que ceux des relations *linéaires* (évitant ainsi le "grossissement" des objets intermédiaires).

5.4.5   Applications d'une base de Gröbner de l'idéal de relations entre les ζ

Actuellement la table des relations entre sommes d'Euler-Zagier (avec et sans alternance de signe) est disponible à l'adresse suivante :

$$\text{http://www.lifl.fr/\textasciitilde bigotte}$$

Avec la construction d'une base de Gröbner (voir 5.4.4), nous avons traité les cas suivants :

- Nous avons la confirmation du nombre des termes irréductibles par poids et par longueur jusqu'à l'ordre 13 (voir Théorème 5.4.1), en réponse à une communication personnelle de Wojkowiak (Décembre 1997) :

> *The conjecture 15.2 and the positive answer to question 15.3 from "Monodromy of iterated integrals and non-abelian unipotent periods" (Wojtkowiak,97) predict generators of the Q-algebra of multiple ζ-numbers*
>
> $$((2i\pi)^2, \zeta(3), \zeta(5), \zeta(7), \zeta(9), \zeta(11), \zeta(13), \zeta(3,5), \zeta(3,7),$$
>
> *one multiple ζ of length ≥ 3 and weight 11, two multiple ζ of length ≥ 2 and weight 12, two multiple ζ of length ≥ 3 and weight 13, 3 multiple ζ of length ≥ 2 and weight 14 – generators up to degree 14).*

- Nous retrouvons les expressions qui ont été établies expérimentalement et qui attendaient une validation formelle. Par exemple :

$$
\begin{aligned}
\zeta(2,4,2,4) =\ & 72\zeta(5)\zeta(3)\zeta(2)^2 - \frac{93}{2}\zeta(2,10) + 36\zeta(2)\zeta(2,8) \\
& - 486\zeta(5)\zeta(7) - \frac{3742}{9}\zeta(3)\zeta(9) - \frac{3}{2}\zeta(3)^4 + 36\zeta(2)\zeta(5)^2 \\
& - \frac{6}{5}\zeta(2)^2\zeta(2,6) + 16\zeta(1,1,2,8) + 56\zeta(7)\zeta(2)\zeta(3) \\
& + \frac{368}{35}\zeta(2)^3\zeta(3)^2 + \frac{209369756}{7882875}\zeta(2)^6.
\end{aligned}
\tag{5.106}
$$

- Atuellement, Hoffman propose deux bases pour l'espace vectoriel des $\zeta(s)$ et qu'il a vérifiées jusqu'à l'ordre 8 :

1. la H-*base* contient tous les monômes $y_{i_1} \ldots y_{i_k} \in Y^*$ avec les indices $i_1, \ldots, i_k \in \{2, 3\}$,

2. la G-*base* contient tous les produits des monômes dans

$$\{y_2\} \cup \{\text{les mots de Lyndon-Širšov } y_{i_1} \ldots y_{i_k} | i_1, \ldots, i_k \in \{3, 5, \ldots\}\}.$$

Nous avons vérifié la H-base de Hoffman jusqu'à l'ordre 12. Et nous mettons en défaut la G-base de Hoffman. Car aux poids 12, nous avons établi la relation suivante [11] :

$$\zeta(3,9) = \frac{9}{14}\zeta(5,7) + \frac{388112}{1226225}\zeta(2)^6 - 6\zeta(5)\zeta(7). \tag{5.107}$$

- ....

5.4.6 Propriétés des ζ à travers Z

D'après la définition de la série Z (définition 4.2.6), nous déduisons :

Proposition 5.4.1 ([80]). *Z est l'unique exponentielle de Lie telle que*

$$(Z|w) = \zeta(w), \quad w \in x_1 X^* x_0,$$
$$(Z|x_0) = (Z|x_1) = 0.$$

Exemple 5.4.4. *A titre d'exemple, voici le développement à l'ordre 4 de $\log Z$:*

$$
\begin{aligned}
\log Z \ = \ & \zeta(2)[x_1, x_0] + \zeta(3)[[x_1, x_0], x_0] + \zeta(3)[x_1, [x_1, x_0]] \\
& + \ \frac{2}{5}\zeta(2)^2[[[x_1, x_0], x_0], x_0] + \frac{1}{10}\zeta(2)^2[[x_1, [x_1, x_0]], x_0] \\
& + \ \frac{2}{5}\zeta(2)^2[x_1, [x_1, [x_1, x_0]]] + \cdots
\end{aligned}
$$

Par conséquent, l'étude des propriétés des $\zeta(w)$ peut être effectuée à travers la série Z :

On sait que l'inverse d'une exponentielle de Lie S est égale à son antipode (voir section 3.5). Le changement de variable $z \to 1 - z$ appliqué à la série de Chen $S_{t \rightsquigarrow 1-t}$ donne :

$$S_{t \rightsquigarrow 1-t} = S_{1-t \rightsquigarrow t}(-x_1, -x_0) = S_{t \rightsquigarrow 1-t}^{-1}(-x_1, -x_0). \tag{5.108}$$

Soit $\widetilde{w}$ le mot obtenu en appliquant la substitution $x_0 \to x_1$ et $x_1 \to x_0$ au mot $\widetilde{w}$ miroir de w. On prolonge par linéarité aux séries de $\mathbb{C}\langle\langle X \rangle\rangle$. On déduit de (5.108) que pour tout $t \in]0, 1[$:

$$S_{t \rightsquigarrow 1-t} = \widehat{S}_{t \rightsquigarrow 1-t}. \tag{5.109}$$

En posant $t = \varepsilon$ avec $\varepsilon \to 0^+$ et en appliquant la renormalisation (4.31), on déduit la proposition :

Proposition 5.4.2 (Relation de dualité, [81]).

$$Z = \widehat{Z}$$

On a alors la relation suivante qui est aussi une conséquence de la relation (3.67) :

Corollaire 5.4.3.

$$\forall w \in x_1 X^* x_0, \quad \zeta(w) = \zeta(\widehat{w}).$$

Ceci permet de retrouver la relation d'Euler suivante (voir également [109, 103]) :

$$\zeta(1, 2) = \zeta(3). \tag{5.110}$$

En combinant Proposition 5.4.2 et la Proposition 4.2.4, nous obtenons :

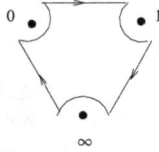

FIGURE 5.1 – Relation hexagonale

Corollaire 5.4.4. *Pour tout $t \in]0, 1[$:*

$$L(t)\widehat{L}(1-t) = Z.$$

En particulier, pour $t = 1/2$, nous obtenons [81] :

$$Z = L(1/2)\widehat{L}(1/2),$$

Le chemin de la figure 5.1 n'entoure aucune singularité donc la série de Chen sur ce chemin est égale à 1. Soit $g(z) = 1 - 1/z$. On a :

$$g_*^2(S_{\varepsilon \to 1-\varepsilon}e^{i\pi x_0}) \times g_*(S_{\varepsilon \to 1-\varepsilon}e^{i\pi x_0}) \times (S_{\varepsilon \to 1-\varepsilon}e^{i\pi x_0}) = 1 + O(\sqrt{\varepsilon}). \tag{5.111}$$

En renormalisant, d'après (4.31), $S_{\varepsilon \to 1-\varepsilon}$ par Z et compte–tenu du fait que $g_*x_0 = -x_0 + x_1$ et $g_*x_1 = -x_0$, on en déduit la proposition :

Proposition 5.4.3 (Relation hexagonale, [81]).

$$Ze^{-i\pi x_1}Z(-x_1, x_0 - x_1)e^{i\pi(-x_0+x_1)}Z(-x_0 + x_1, -x_0)e^{i\pi x_0} = 1.$$

Le calcul sur les crochets de Lie de longueur 2 dans la formule de Baker–Campbell–Hausdorff permet de retrouver la relation d'Euler suivante :

$$\zeta(2) = \frac{\pi^2}{6}. \tag{5.112}$$

5.4.7 Autres cas

Récemment, plusieurs extensions de $\zeta(s)$ ont été introduites (les sommes d'Euler-Zagier ou encore les sommes harmoniques) via les polylogarithmes (voir section 4.2) poursuivant en particulier les travaux de Nielsen. Ces extensions proviennent de la théorie des nombres [149], de la théorie des nœuds [2, 31], de la mécanique quantique [36, 37, 101, 61], de la physique des hautes énergies [23, 24], de l'analyse des structures de données hiérarchiques [49], théorie du contrôle [70, 71], . . .

Définition 5.4.2. *Soit* $b_1, \ldots, b_k \in \mathbb{C}$ *et* $|b_i| > 1, i = 1..k$. *Les* ζ multiples de bases $b_1, \ldots, b_k$ *et indicés par les multi-index* $s_1, \ldots, s_k$ *sont définis comme suit :*

$$\zeta\binom{s_1, \ldots, s_k}{b_1, \ldots, b_k} = \left\{ \begin{array}{ll} \displaystyle\sum_{0 < n_1 < \ldots < n_k} \dfrac{b_1^{-n_1} \ldots b_k^{-n_k}}{n_1^{s_1} \ldots n_k^{s_k}} & si \quad k \geq 1, \\ \qquad\qquad 1 & si \quad k = 0. \end{array} \right.$$

k *est la* profondeur *et* $s = s_1 + \ldots + s_k$ *est le* poids *de* $\zeta\binom{s_1, \ldots, s_k}{b_1, \ldots, b_k}$.

Pour $k = 1$, s est un entier positif et $|b| \geq 1$, on obtient le polylogarithme classique en la variable $1/b$. Si chaque $b_j = 1$, nous retrouvons les sommes d'Euler-Zagier $\zeta(s_1, \ldots, s_k)$ de la définition 4.2.3. Lorsque b_i est la $i^{\text{ème}}$ racine $k^{\text{ème}}$ de l'unité, alors les $\zeta\binom{s_1, \ldots, s_k}{b_1, \ldots, b_k}$ sont les fonctions ζ colorées dont les implantations en Maple sont effectuées par Bigotte [12].D'autres cas importants pour les $\zeta\binom{s_1, \ldots, s_k}{b_1, \ldots, b_k}$ que nous avons relevés sont :

– Si chaque $b_j = \pm 1$ ces sommes sont les sommes d'Euler-Zagier *avec l'alternance de signe*. Elles sont largement utilisées, en particulier, par les physiciens (en mécanique quantique, en physique des hautes énergies, ...). Lors du calcul des diagrammes de Feynman on cherche, par exemple, à évaluer les intégrales du type suivant avec alternance de signe (voir [45])

$$I_{m,n,l}(D) = \int_0^1 \frac{\log^m(x) \log^n(1-x) \log^l(1+x)}{D(x)} dx, \tag{5.113}$$

où m, n et l sont des entiers non négatifs et $D(x)$ est une des fonctions $\{x, 1-x, 1+x\}$.

– Si chaque $b_j = 2$, ces sommes représentent les valeurs spéciales des polylogarithmes en $z = 1/2$. Ces valeurs sont également importantes, car elles permettent de représenter les nombres transcendants en base binaire. Par exemple (voir [18]) :

$$\frac{\pi^2}{36} = \mathrm{Li}_2(\tfrac{1}{2}) - \mathrm{Li}_2(\tfrac{1}{4}) - \frac{1}{3}\mathrm{Li}_2(\tfrac{1}{8}) + \frac{1}{6}\mathrm{Li}_2(\tfrac{1}{64}) \tag{5.114}$$

$$= \sum_{i \geq 1} \frac{a_i}{i^2} 2^{-i}, \tag{5.115}$$

$$\frac{\log^2(2)}{2} = 2\,\mathrm{Li}_2(\tfrac{1}{2}) - 3\,\mathrm{Li}_2(\tfrac{1}{4}) - \mathrm{Li}_2(\tfrac{1}{8}) + \frac{1}{2}\mathrm{Li}_2(\tfrac{1}{64}) \tag{5.116}$$

$$= \sum_{i \geq 1} \frac{b_i}{i^2} 2^{-i}, \tag{5.117}$$

où les coefficients a_i et b_i prennent leur valeurs respectivement dans des suites périodiques $[1, -3, -2, -3, 1, 0]$ et $[2, -10, -7, -10, 2, -1]$.

Pour d'autres valeurs de $\mathrm{Li}_w(1/2)$, $w \in x_1 X^* x_0$, on ne connaît pas encore de formule analogue. Par contre, nous disposons de la formule (5.111) liant les $\mathrm{Li}_w(1/2)$ avec les $\zeta(w)$ (voir également la formule (4.45)). Par conséquent, on peut exprimer les $\zeta(w)$ en fonctions des $\mathrm{Li}_w(1/2)$.

Chapitre 6

Conclusion et perspectives

Lorsque le bon point de vue est poursuivi, la raison est inondée de lumière,
et les conséquences qu'elle en tire ont alors le caracrère de l'évidence.
Néanmoins elle n'a pas la force d'atteindre d'un seul coup ce point de vue.
Hermann Weyl

6.1 Récapitulation

Nous avons amplifié le calcul symbolique de Heaviside pour étudier le comportement entrée-sortie des systèmes dynamiques en les singularités avec les entrées rationnelles. Ce travail repose sur le codage de Fliess des intégrales itérées de Chen par les mots et des fonctionnelles causales par les séries formelles en indéterminées non commutatives [69, 77].

Nous avons étudié l'algèbre des polylogarithmes en montrant qu'elle est isomorphe à l'agèbre de mélange [80, 81]. Nous avons en tiré les conséquences algorithmiques concernant le calcul effectif de la monodromie, du comportement asymptotique, des relations algébriques et des équations fonctionnelles des polylogarithmes [69, 80, 81].

Nous avons étudié également les séries génératrices commutatives des polylogarithmes en examinant leur rapport avec les fonctions hypergéométriques [69, 77, 78]. Nous avons en tiré les conséquences pour diverses sommations automatiques des polylogarithmes [69, 78]. Les séries génératrices non commutatives des polylogarithmes nous conduit au calcul de l'associateur de Drinfel'd, mis sous forme factorisée [80].

Nous avons appliqué ces études aux équations différentielles à coefficients méromorphes, aux équations intégrales des arbres quadrants [77, 78] et à l'établissement d'une base de Gröbner de l'idéal des relations entre les sommes d'Euler-Zagier [79].

125

6.2   Apports ce mémoire

Nos résultats sont de nature algorithmique et ils reposent sur les fondements algébriques solides (algèbre de mélange, algèbre de Lie libre, algèbre de Hopf). L'originalité de ce travail réside sur l'utilisation des mots de Lyndon-Širǒv, des polynômes de Lie, des séries rationnelles et des exponentielles de Lie pour coder les fonctions spéciales (polylogarithmes, fonctions de Dirichlet, fonctions hypergéométriques, ...) et les nombres spéciaux (sommes d'Euler-Zagier, fonctions bêta, ...).

La méthode que nous avons choisie est essentiellement syntaxique et l'approche que nous avons développée ici est purement combinatoire (combinatoire des mots et des séries formelles en variables non commutatives). Elle nous permet d'aborder les polylogarithmes et les sommes d'Euler-Zagier par une voie plus algorithmique, proche du calcul formel, pour vérifier de nombreux résultats déjà conjecturés dans le cadre du calcul numérique de haute précision par d'autres auteurs [19, 23, 148]. Les exemples que nous avons choisis sont volontairement simples. Car nous pensons que de cette manière, nous comprendrons mieux les mécanismes de base. Une fois que ces mécanismes sont compris, nous dégageons des algorithmes pour les implanter en calcul formel.

Les logiciels ainsi obtenus nous permettent ensuite de traiter des exemples de plus en plus complexes. Les résultats calculatoires obtenus à partir de ces logiciels constituent, de façon *originale*, un outil pour vérifier les formules déjà connues, pour expérimenter et pour découvrir de *nouvelles* formules [79, 80, 81, 12], objets convoités par les mathématiques expérimentales [19, 21, 148]. Ces calculs sont menés en utilisant les paquetages des polynômes de Lie et des exponentielles de Lie réalisés en Axiom par Petitot [115]. D'autres implantations sont en cours de réalisation par Bigotte (en Maple, [12]) et par El Wardi (en C++, [137]). Elles seront mises en disposition à d'autres utilisateurs, pour les expérimentations à distance, via internet.

6.3   Perspectives

Au chapitre 1, nous avons souhaité la construction d'une base de solutions des équations différentielles à coefficients méromorphes suivant leurs descriptions syntaxiques. Une telle base nous facilitera l'étude du comportement asymptotique des solutions en les singularités. Cette étude n'est pas encore achevée, nous la poursuiverons en examinant les points suivants :

1. Nos résultats acquis se portaient essentiellement sur les cas suivants (voir section 4.2) :

   (a) les séries génératrices finies (les polynômes) sur deux lettres x_0 et x_1,

   (b) les formes différentielles à singularités en 0 et en 1 (singularités simples et à distance finie) :

$$\omega_0 = \frac{dz}{z} \quad \text{et} \quad \omega_1 = \frac{dz}{1-z}. \tag{6.1}$$

Il reste alors à étudier "l'extension transcendante" suivante de $\mathbb{Q}$ (en continuation avec la section 5.4) :

$$\mathbb{Q}[i\pi, \zeta(3), \zeta(5), \zeta(7), \zeta(9), \zeta(11), \zeta(13), \ldots$$
$$\zeta(2,6), \zeta(2,8), \zeta(2,10), \ldots$$
$$\zeta(1,2,8), \zeta(1,3,9), \zeta(1,2,10), \ldots$$
$$\zeta(1,1,2,8), \ldots]$$

en exhibant une base pour l'algèbre des sommes d'Euler-Zagier (si elle existe !). Cette question est difficile car, la description de l'idéal des relations par les deux produits de mélange ne suffit plus pour conclure que cette algèbre est libre. Pour cela, nous introduiserons un paramètre supplémentaire pour ces sommes d'Euler-Zagier, quite à étudier les propriétés analytiques suivant ce paramètre. Ces sommes paramètrées sont des généralisations des sommes $\zeta(s;\nu)$ d'Hurwitz, c'est-à-dire des séries de la forme :

$$\zeta(s;\nu) = \sum_{n\geq 1} \frac{1}{(n+\nu)^s}. \tag{6.2}$$

2. A la série zêta d'Hurwitz (6.2), ajoutons un paramètre z, nous obtenons la fonction de Lerch [127] :

$$\Phi(z,s,\nu) = \sum_{n\geq 1} \frac{z^n}{(n+\nu)^s}. \tag{6.3}$$

De même, pour s entier, si nous ajoutions un paramètre z comme suit, nous obtiendrions le polylogarithme d'ordre s avec le paramètre ν [77] :

$$\text{Li}_s(z,\nu) = \sum_{n\geq 1} \frac{z^{n+\nu}}{(n+\nu)^s} \tag{6.4}$$

qui peut être obtenue comme étant l'intégrale itérée $\alpha_0^z(x_1 x_0^{s-1})$ par rapport aux formes différentielles :

$$\omega_0 = \frac{dz}{z} \quad \text{et} \quad \omega_{1,\nu} = \frac{dz}{(1-z)z^{-\nu}}. \tag{6.5}$$

Pour les formes différentielles (6.5) et pour les mots $w = x_1 x_0^{s_1} \ldots x_1 x_0^{s_k}$, nous obtenons les *sommes d'Euler-Zagier paramètrées* [77] :

$$\zeta(w;\nu) = \alpha_0^1(w) = \sum_{0 < n_1 < \ldots < n_k} \frac{1}{(n_1 + \nu)^{s_1} \ldots (n_k + k\nu)^{s_k}}. \tag{6.6}$$

En liaison avec la section 5.4, nous étudierons l'algèbre des sommes d'Euler-Zagier paramètrées en examinant la

Question 6.3.1. *Existe-t-il d'autres types de relations entre les sommes d'Euler-Zagier paramétrées que celles qui proviennent du produit de mélange "⊔"?*

Nous pouvons également introduire plusieurs paramètres ν_i différents, pour chaque lettre x_i de $\{x_1, \ldots, x_m\}$, dans (6.6) (voir [77]).

3. Nous pouvons envisager à examiner aussi le cas où les singularités, en 0 et en 1, sont multiples :

$$\Omega_{\nu,\mu} = \frac{dz}{z^\nu(1-z)^\mu} \quad \text{où} \quad \nu, \mu \in \mathbb{N}. \tag{6.7}$$

Mais aussi dans le cas où ν et μ sont rationnels.

4. Les sommes $\zeta(s;\nu)$ d'Hurwitz jouent un rôle important dans l'étude des séries de Dirichlet associée à une suite périodique. En effet, soit F une fonction génératrice d'une suite de nombres complexes $\{f_k\}_{k \geq 1}$ de période $K > 0$:

$$\forall k \geq 1, f_{k+K} = f_k. \tag{6.8}$$

Considérons alors la série de Dirichlet associée à F :

$$\mathrm{Di}(F;s) \quad = \quad \sum_{a=1}^{K} \sum_{n \geq 1} \frac{f_{nK+a}}{(nK+a)^s} \tag{6.9}$$

$$= \quad \sum_{a=1}^{K} f_a \sum_{n \geq 1} \frac{1}{(nK+a)^s} \tag{6.10}$$

$$= \quad K^{-s} \sum_{a=1}^{K} f_a \zeta(s; a/K). \tag{6.11}$$

Par conséquent, la série de Dirichlet $\mathrm{Di}(F;s)$ (d'une suite périodique) est une somme finie de séries zêta d'Hurwitz. Ceci nous conduit à la

Question 6.3.2. *Etudier les relations fonctionnelles des séries de Dirichlet par l'intermédiaire des séries zêta d'Hurwitz?*

5. Maintenant, soient m suites de nombres complexes $\{f_{j,k}\}_{j=1..m, k \geq 1}$ de fonctions génératrices $F_j(z)$:

$$F_j(z) = \sum_{k \geq 1} f_{j,k} z^k, \quad j = 1..m. \tag{6.12}$$

Considérons également une *généralisation des séries de Dirichlet* associées à ces fonctions génératrices $F_j(z), j = 1..m$:

$$\mathrm{Di}(F_{i_1}, \ldots F_{i_k}; s_1, \ldots, s_k) = \sum_{0 < n_1 < \ldots < n_k} \frac{f_{i_1, n_1} \cdots f_{i_k, n_k - n_{k-1}}}{n_1^{s_1} \cdots n_k^{s_k}}. \tag{6.13}$$

A la série de Dirichlet généralisée (6.13), ajoutons un paramètre z, nous obtenons la fonction de Dirichlet associée à fonction $G = \sum_{l \geq 1} g_l z^l$ suivante (voir section 4.3, [77]) :

$$\mathrm{Di}_{s_k}(G|z) = \sum_{l \geq 1} g_l \frac{z^l}{l^{s_k}}, \tag{6.14}$$

avec :

$$g_l = \sum_{0 < n_1 < \ldots < n_{k-1} < l} \frac{f_{i_1, n_1} \ldots f_{i_k, n_{k-1} - n_{k-2}}}{n_1^{s_1} \ldots n_k^{s_{k-1}}}. \tag{6.15}$$

En effet, le lecteur vérifie aisément que $\mathrm{Di}_{s_k}(G|z)$ de (6.14) peut être obtenu comme étant l'évaluation du mot $x_{i_1} x_0^{s_1 - 1} \ldots x_{i_k} x_0^{s_k - 1} \in \{x_0, x_1, \ldots, x_m\}^*$ par rapport aux $m + 1$ formes différentielles suivantes :

$$\omega_0 = \frac{dz}{z}, \quad \omega_{j,F} = F_j(z) \frac{dz}{z}, \quad j = 1..m. \tag{6.16}$$

Car nous avons (voir [77]) :

$$\alpha_0^z(x_{i_1} x_0^{s_1 - 1} \ldots x_{i_k} x_0^{s_k - 1}) = \sum_{0 < n_1 < \ldots < n_k} \frac{f_{i_1, n_1} \ldots f_{i_k, n_k - n_{k-1}}}{n_1^{s_1} \ldots n_k^{s_k}} z^{n_k}. \tag{6.17}$$

Introduisons la racine primitive de la racine m-ième de l'unité :

$$q = e^{2i\pi/m} \tag{6.18}$$

et les fonctions $\{F_j(z)\}_{j=1..m}$ suivantes :

$$F_j(z) = \frac{q^j z}{1 - q^j z}. \tag{6.19}$$

Nous obtenons, en conséquence, les *zêtas multiples colorés* [12, 21, 59] :

$$\alpha_0^1(x_{i_1} x_0^{s_1 - 1} \ldots x_{i_k} x_0^{s_k - 1}) = \sum_{0 < n_1 < \ldots < n_k} \frac{q^{i_1 n_1} \ldots q^{i_k (n_k - n_{k-1})}}{n_1^{s_1} \ldots n_k^{s_k}} \tag{6.20}$$

$$= \sum_{0 < n_1 < \ldots < n_k} \frac{q^{(i_1 - i_2) n_1} \ldots q^{i_k n_k}}{n_1^{s_1} \ldots n_k^{s_k}} \tag{6.21}$$

$$= \zeta \binom{s_1, \ldots, s_k}{q^{i_1 - i_2}, \ldots, q^{i_k}}. \tag{6.22}$$

Les relations entre les zêtas multiples colorés nous fourniront les relations entre les sommes d'Euler-Zagier avec paramètre q.

En extension de la question 6.3.2, nous examinerons également la

Question 6.3.3. *Etudier les relations fonctionnelles des séries de Dirichlet généralisées par l'intermédiaire des sommes d'Euler-Zagier avec paramètre ?*

6. Lorsque les séries génératrices sont infinies sur deux lettres x_0 et x_1 (dans ce cas, nous ne connaissons presque rien), nous chercherons l'analogue du théorème de structure pour l'algèbre des fonctions du type hypergéométrique, c'est-à-dire l'algèbre des évaluations, par rapport aux formes différentielles ω_0 et ω_1, des séries rationnelles de la forme (en continuation avec la section 4.4) :

$$x_1(c_1x_0)^* \ldots x_1(c_kx_0)^*, \tag{6.23}$$

où les $c_1, \ldots, c_k$ sont des nombres complexes. Nous examinerons également l'algèbre des nombres généralisant les fonctions bêta :

$$\alpha_0^1[x_1(c_1x_0)^* \ldots x_1(c_kx_0)^*]. \tag{6.24}$$

En effet, d'après la proposition 4.4.1, nous avons

$$\alpha_0^1[x_1(tx_0)^*] = \int_0^1 \frac{ds}{s^t(1-s)} = B(t+1,1). \tag{6.25}$$

Question 6.3.4. *Quelle structure faut-il pour les nombres (6.24) ?*

Rappelons aussi que la fonction bêta est reliée à la fonction *gamma* comme suit :

$$B(t,b) = \frac{\Gamma(t)\Gamma(b)}{\Gamma(t+b)}, \quad \Re t + 1, \Re b + 1 > 0. \tag{6.26}$$

La fonction $\Gamma(z)$ coïncide avec $(n-1)!$ lorsque $z = n \in \mathbb{N}$ et elle peut être représentée par l'intégrale suivante :

$$\Gamma(z) = \int_0^\infty e^{-s} \frac{ds}{s^{1-z}}. \tag{6.27}$$

Concernant ces fonctions, Chudnovsky a établi l'indépendance algébrique de $B(1/2, 1/2) = \pi$ et $B(1/2, 1/3)$ (resp. de π et $B(1/2, 1/4)$). Chudnovsky a établi également la transcendance de $\Gamma(1/3)$ et $\Gamma(1/4)$, (rappelons que $\Gamma(1/2) = \sqrt{\pi}$).

7. En considérant les formes différentielles

$$\omega_0 = \frac{dz}{z}, \quad \omega_1 = \frac{dz}{1-z} \quad \text{et} \quad \omega_2 = dz, \tag{6.28}$$

nous étudierons également le rapport de l'algèbre des fonctions du type hypergéométrique par rapport à l'algèbre des fonctions (en continuation avec la section 4.4) :

$$\alpha_0^z[x_{i_1}(c_1x_0)^* \ldots x_{i_k}(c_kx_0)^*], \tag{6.29}$$

où les $c_1, \ldots, c_k$ sont des nombres complexes et les $x_{i_1}, \ldots, x_{i_k}$ peuvent être x_1 ou x_2.

8. Plus généralement, en considérant un nombre fini de formes différentielles à singularités simples et à distance finie :

$$\omega_i = \frac{dz}{s_i - z} \quad \text{où} \quad i = 1..m, \tag{6.30}$$

nous examinerons l'algèbre des solutions, suivant leurs descriptions syntaxiques, des équations différentielles d'ordre n à coefficients polynomiaux dont les racines de $a_n(z)$ sont les $\{s_i\}_{i=1..m}$ (voir section 5.2) :

$$a_n(z)y^{(n)}(z) + \ldots + a_1(z)\dot{y}(z) + a_0(z)y(z) = 0 \tag{6.31}$$

et le système d'équations différentielles de la forme (en continuation avec la section 5.2) :

$$\begin{cases} dq(z) &=& \sum_{i=1}^{m} M_i q(z)\,\omega_i, \\ q(z_0) &=& \eta, \\ y(z) &=& \lambda q(z), \end{cases} \tag{6.32}$$

où les $M_1, \ldots, M_m$ sont des matrices à coefficients constants.

Question 6.3.5. *Existe-t-il un analogue du théorème de Radford pour l'algèbre des séries rationnelles en variables non commutatives munie du produit de mélange ?*

6.4 En guise de conclusion

Au cœur de cette construction d'une base de fonctions spéciales, sont apparus les nombres spéciaux. Ces derniers (les sommes d'Euler-Zagier, les séries de Dirichlet, les fontions bêta, ...) interviennent, comme nous avons déjà souligné, en analyse d'algorithmes (les arbres quadrants [49]), en mécanique quantique (l'associateur de Drinfel'd [36, 37, 101, 61]), en physique des hautes énergies (les diagrammes de Feynman [23, 24]). Mais aussi :

1. de manière moins surprenante, en arithmétique [20, 132, 149]. En effet, ces nombres sont à la base des études des distributions des nombres premiers, des factorisations des grands nombres en nombres premiers, l'utilisation des courbes elliptiques sur les corps finis, ... sur lesquels reposent les applications industrielles liées à la cryptologie à clefs publiques et aux commerces électroniques.

2. en théorie des nœuds [2, 31] (les invariants de Vassiliev, les représentations intégrales de Kontsevich, ...) dont les applications sont déjà apparues en génétique (l'analyse des structures secondaires des séquences génomiques) : ce sont les biologistes qui ont montré que la double hélice de l'ADN était nouée et dressée au cours certains processus biologiques (recombinaisons, réplications, ...) sont semblables aux mécanismes pour dénouer des nœuds (le surenroulement joue un rôle très important dans la réplication des gènes et dans des phénomènes viraux).

Bibliographie

[1] R. Apéry.– *Irrationalité de ζ2 et ζ3*, Société Mathématique de France Astérique 61 (1979) p. 11-13

[2] V.I. Arnold.– *The Vassiliev theory of discriminants and knots*, First European Congress of Mathmatics, volume 1, pages 3–29. Birkhauser, 1994.

[3] A. Barkatou.– *A rational version of Moser's algorithm*, ISSAC'95, Montréal, Canada, Juillet 1995.

[4] J.L. Bentley & R.A. Finkel.– *Quadstrees : A data structure for retrieval on composite keys*, Acta Inf., 4 pp. 1-9, 1974.

[5] J.L. Bentley.– *Multidimensional binary search trees used for associative searching*, Commu. ACM 18, pp. 509-517, 1975.

[6] A.A. Beilinson & P. Deligne.– *Interprétation motivique de la conjecture de Zagier*, Proc. of Symp. in Pure Math., 55, Part II, pp. 123-190, 1994.

[7] F. Bergeron, G. Labelle & P. Leroux.– *Théorie des espèces et combinatoire des structures arborescentes*, Publications du LACIM-19, UQUAM, Montréal, 1994

[8] I.N. Bernstein.– *Modules over ring of differential operators*, Functional Anal. Appl., 5 pp. 89-101, 1971.

[9] I.N. Bernstein.– *The analytic continuation of generalized functions with respect to a parameter*, Functional Anal. Appl., 5 pp. 273-285, 1972.

[10] J. Berstel & C. Reutenauer.– *Rational series and their languages*, Springer-Verlag, 1988.

[11] M. Bigotte, Hoang Ngoc Minh, G. Jacob, N.E. Oussous & M. Petitot.– *Un contre exemple à une conjecture de Hoffman*, note interne du LIFL, Juin 1999.

[12] M. Bigotte.– thèse Lille 1, en cours.

[13] F. Boussemart & Hoang Ngoc Minh.– *Simulation graphique du comportement entrée/sortie des systèmes dynamiques*, "Séries formelles et combinatoire algébrique", Bordeaux, 1991.

[14] F. Boussemart & Hoang Ngoc Minh.– *Graphic simulation of nonlinear control systems behaviour in Scratchpad*, IMACS Symposium MCTS-1991.

133

[15] F. Boussemart.– *La simulation graphique interactive des systèmes dynamiques non linéaires : conception et réalisation en Scratchpad*, Thèse, Université Lille I, Lille 1992.

[16] D.H. Bailey, J.M. Borwein & R. Girgensohn.– *Experimental evaluation of Euler Sums*. Experimental Mathematics, 3, $N°1$, pp. 17-30, 1994.

[17] D. Borwein, J.M. Borwein & R. Girgensohn.– *Explicit evaluation of Euler sums*. Proc. Edin. Math. Soc., 38 (1995), pp. 277-294.

[18] D. Bailey, P. Borwein et S. Plouffe.– *On the rapid computation of various polylogarithmic constants*. Electronic J. Combinatorics, (1996).

[19] J.M. Borwein, D.M. Bradley & D.J. Broadhurst.– *Evaluation of k-fold Euler/Zagier sums : a compendium of results for arbitrary k*. Electronic J. Combinatorics, (1997).

[20] J.M. Borwein & D.M. Bradley.– *Searching Symbolically for Apéry-like Formulae for Values of the Riemann Zeta Function*, SIGSAM Bulletin of Symbolic and Algebraic Manipulation, Association of Computing Machinery, Vol. 30, No. 2, Issue 116, June 1996, pp. 2-7.

[21] J.M. Borwein, D.M. Bradley,D.J. Broadhurst & P. Lisonek.– *Special Values of Multiple Polylogarithms*, to appear in Transactions of the American Mathematical Society.

[22] N. Bourbaki.– *Groupes et Algèbre de Lie*, chapitre 2, Hermann ,1972.

[23] D.J. Broadhurst & D. Kreimer.– *Knots and Numbers in ϕ^4 Theory to 7 Loops and beyond*. IJMP C6, 519 (1995).

[24] D.J. Broadhurst & D. Kreimer.– *Association of multiple zeta values with positive knots via Feynman diagrams up to 9 loops*. à paraître.

[25] T.J. Bromwich.– *Operational methods in mathematical physics*, Proc. London Math. Soc., Xv, pp 401-, 1916.

[26] B. Candelpergher, J.C. Nomas & F. Pham.– *Approche de la résurgence*, Hermann, 1993.

[27] B. Candelpergher, M.A. Coppo & E. Delabaere.– *La sommation de Ramanujan*. L'enseignement Mathématique, pp. 93-30, 1997.

[28] J.R. Carson.– *Electronic circuit theory and operational calculus*, Mac Graw Hill, New york, 1926.

[29] P. Cartier.– *Jacobiennes généralisées, monodromie unipotente et intégrales itérées*, Séminaire Bourbaki, 687 (1987), 31–52.

[30] P. Cartier.– *Démonstration "automatique" d'identités et fonctions hypergéométriques*, Séminaire Bourbaki, 746 (1991), 41–91.

[31] P. Cartier.– *Construction combinatoire des invariants de Vassiliev–Kontsevich des noeuds*, C.R. Acad. Sci. Paris, t.316, série I, pp. 1205–1210, 1993.

[32] K.T. Chen.– *Iterated path integrals*, Bull. Amer. Math. Soc., vol 83, 1977, pp. 831-879.

[33] K.T. Chen, R.H. Fox & R.C. Lyndon.– *Free differential calculus, IV. The quotient groups of the lower central series*, Ann. Math., vol 68, 1958, pp. 81-95.

[34] F. Chyzak.– *Fonctions holonomes en calcul forme*, thèse, Ecole Polytechnique, 1998.

[35] J.P. Delahaye.– *Le fascinant nombre Pi*, Bibliothèque pour la science, 1998.

[36] V. Drinfel'd.– *Quasi–Hopf Algebras*, Leningrad Math. J., vol 1, pp. 1419-1457, 1990.

[37] V. Drinfel'd.– *On quasitriangular quasi–hopf algebra and a group closely connected with gal($\bar{q}/q$)*. Leningrad Math. J. 2, 4 (1991), 829–860.

[38] J.L. Dupont.– *On Polylogarithms*, Nagoya Math. J., Vol 114, 1989, pp. 1-20.

[39] F.J. Dyson.– *The radiation theories of Tomonaga, Schwinger and Feynman*, Physical Rev, vol 75, 1949, pp. 486-502.

[40] J. Ecalle.– *Les fonctions résurgentes*, tome I, Publications Mathématiques d'Orsay, 1981.

[41] J. Ecalle.– *Les fonctions résurgentes*, tome II, Publications Mathématiques d'Orsay, 1981.

[42] J. Ecalle.– *Les fonctions résurgentes*, tome III, Publications Mathématiques d'Orsay, 1985.

[43] Ph. Flajolet.– *Combinatorial Aspects of Continued Fractions*, Discrete Mathematics, 32, pp 125-161, 1980.

[44] Ph. Flajolet.– *Arbres de recherche, équations différentielles, fonctions hypergéométriques et dilogarithmes*, Fonctions spéciales et Calcul Formel, Limoges, 1993.

[45] J. Fujimoto, M. Igarashi, Y. Shimizu & K. Tobimatsu.–

[46] Ph. Flajolet and M. Hoshi.– *Page usage in quadtree index*, BIT, 32, 1992, pp 384-402.

[47] Ph. Flajolet & R. Sedgewick.– *Introduction à l'analyse des algorithmes.*, International Thomson Publishing, France, 1996.

[48] Ph. Flajolet & I. Vardi.– *Zeta function expansions of classical constants.*, Preprint, INRIA-Rocquencourt, France, 1996.

[49] Ph. Flajolet, G. Labelle, L. Laforest & B. Salvy.– *Hypergeometrics and the cost structure of quadtrees*, Ramdom Structures and Algorithms, 7 :117–143, 1995.

[50] Ph. Flajolet & B. Salvy.– *Euler sums and contour integral representations*, Experimental Macthemaics, 1998.

[51] M. Fliess.– *Fonctionnelles causales non linéaires et indéterminées non commutatives*, Bull. Soc. Math. France, N°109, 1981, pp. 3-40.

[52] M. Fliess.– *Réalisation locale des systèmes non linéaires, algèbres de Lie filtrées transitives et séries génératrices*, Invent. Math., t 71, 1983, pp. 521-537.

[53] M. Fliess, M. Lamnabhi & F. Lamnabhi-Lagarrigue.– *An algebraic approach to nonlinear functional expansions*, IEEE Trans. Circ. Syst., CAS-30, 1983, pp. 554-570.

[54] D. Foata & M.P. Schützenberger.– *Théorie géométrique des polynômes eulériens* Lecture Notes in Math, 138, Berlin, Springer-Verlag, 1970.

[55] D. Foata.– *Combinatoire des identités sur les polynômes orthogonaux* Proc. Internat. Congress of Math., vol. 2, pp. 1541-1553, Warszawa, 1984.

[56] L. Fuchs.– *Zur Theorie der linear Differentialeichungen mit veränderlichen Coefficienten*, J. de Crelle, t. LXVI, 1866, pp. 121-160.

[57] I. Gessel.– *Multipartite P-partitions and inner product of skew Schur functions*, Combinatorics and algebra, C. Greene, éd., Contemporary Mathematics **34**, 1984, p. 289–301.

[58] D. George.– *Continuous non linear systems*, MIT RLE technical repport, 335, 1959, Contemporary Mathematics **34**, 1984, p. 289–301.

[59] A.B. Goncharov.– *Multiple polylogarithms at the roots of unity and motivic Lie algebra*, preprint, 1997.

[60] G. Gonnet and R. Baeza-Yates.– *Handbook of Algorithms and Data Structure : In Pascal and in C*, Addison-Willey, 1991.

[61] J. Gonzalez-Lorca.– *Série de Drinfel'd, monodromie et algèbres de Hecke*, thèse, Ecole Normale Supérieure, Paris, 1998.

[62] Ch. Guyon.– *Calcul symbolique pour la planification de trajectoire des systèmes dynamiques nilpotents*, thèse, Université Lille 1, 1995.

[63] M.M. Hjortnaes.– *Overforing av rekken $\sum_1^\infty (1/k^3)$ till and bestemt integral*, Proc. 12th Cong. Scand. Maths, (Lund 1953), (Lund 1954).

[64] C. Hespel.– *Une étude des séries formelles non commutatives pour l'Approximation et l'Identification des systèmes dynamiques*, thèse docteur d'état, Université Lille 1, 1998.

[65] F. Hivert.– *Analogues non-commutatifs et quasi-symétriques des fonctions de Hall-Littlewood, et modules de Demazure d'une algèbre enveloppante quantique dégénérée*, C. R. Acad. Sci., Paris, t. 326, Série I, 1998, p. 1–6

[66] Hoang Ngoc Minh.– *Contribution au développement d'outils informatiques pour résoudre des problèmes d'automatique non linéaire*, Thèse, Université Lille I, Lille 1990.

[67] Hoang Ngoc Minh.– *Evaluation Transform*, Theoret. Computer. Sciences, 79, 1991, pp. 163-177.

[68] Hoang Ngoc Minh.– *Polylogarithms & evaluation transform*. IMACS Symposium, Lille, June 1993.

[69] Hoang Ngoc Minh.– *Summations of Polylogarithms via Evaluation Transform*, in Mathematics and Computers in Simulations, 42, 4-6, 1996, pp. 707-728.

[70] Hoang Ngoc Minh.– *Chained System Steering With Singular Inputs*, New Computer Technologies in Control Systems, Pereslavl-Zalessky, Russie, Juillet 1994.

[71] Hoang Ngoc Minh.– *Bilinear System Steering With Singular Inputs*, New Computer Technologies in Control Systems, Pereslavl-Zalessky, Russie, Août 1995.

[72] Hoang Ngoc Minh & G. Jacob.– *Symbolic Calculus and Volterra Series*, IFAC Symposium "Non Linear Control Systems Design", Capri, 1989.

[73] Hoang Ngoc Minh & G. Jacob.– *Evaluation transform and its implementation in MAC-SYMA*, in "New Trends in Systems Theory", Birkhaüser, Boston, 1991.

[74] Hoang Ngoc Minh.– *Input/output behaviour of nonlinear control systems : about exact and approximated computation*, IMACS Symposium MCTS-1991.

[75] Hoang Ngoc Minh.– *Fonctions Génératrices Polylogaritmiques et Systèmes d'Equations Différentielles Chaînées*, Journées PRC Math-Info 93, Luminy, Novembre 1993.

[76] Hoang Ngoc Minh, G. Jacob & N. Oussous.– *Input/Output Behaviour of Nonlinear Control Systems : Rational Approximations, Nilpotent structural Approximations*, in *Analysis of controlled Dynamical Systems*, Progress in Systems and Control Theory, Birkhäuser, 1991, pp. 253-262.

[77] Hoang Ngoc Minh.– *Fonction de Dirichlet d'ordre n et de paramètre t*, Discrete Math., 180, 1998, pp. 221-241.

[78] Hoang Ngoc Minh & G. Jacob.– *Symbolic Integration of meromorphic differantial equation via Dirichlet functions*, à paraître dans Discrete Math., 1999.

[79] Hoang Ngoc Minh & M. Petitot.– *Lyndon words, polylogarithmic functions and the Riemann ζ function*, à paraître dans Discrete Math., 2000.

[80] Hoang Ngoc Minh, M. Petitot & J. Van der Hoeven.– *Polylogarithms and Shuffle Algebra*, FPSAC'98, Toronto, Canada, Juin 1998.

[81] Hoang Ngoc Minh, M. Petitot & J. Van der Hoeven.– *L'algèbre des polylogarithms par les séries génératrices*, FPSAC'99, Barcelon, Espagne, Juillet 1999.

[82] M. Hoffman.– *Multiple harmonic series*, Pacific Journal of Mathematics, 152(2) :275–290, 1995.

[83] M. Hoffman.– *The algebra of multiple harmonic series*, Journal of Algebra, August 1997.

[84] G. Jacob.– *Représentation et substitutions matricielles dans la théorie algébrique des transductions*, thèse d'Etat, Univ. Paris 7 (1975). "New Computer Technologies in Control Systems"

[85] G. Jacob.– *Réalisation des systèmes réguliers (ou bilinéaires) et les séries génératrices non commutatives*, Séminaire d'Aussois, RCP 567, dans "Outils et Modèles Mathématiques pour l'Automatique, l'Analyse des Systèmes, et le traitement de Signal", CNRS, Landau, 1980.

[86] G. Jacob.– Introduction aux journées-séminaire *Traitements algébriques et informatiques des séries formelles non commutatives*, SFCA'89, Lille, 1989.

[87] G. Jacob.– *Lyndon Discretization and Exact Motion Planning*, First European Control Conference, Grenoble, 1991.

[88] G. Jacob.– *Nonholonomic Motion Planning in Nilpotent Case and Algebraic Equation Systems*, dans *Journées non holonomes*, (Risler & Bellaiche eds.), Birkhäuser, to appear.

[89] G. Jacob.– *Algebraic computation tools and dynamic motion planning problem*, European Control Conference, Groningen, 1993.

[90] A. Joyal.– *Une théorie combinatoire des séries formelles*, Advances in Mathematics, 42, pp. 1-82, 1981.

[91] R.L. Graham, D.E. Knuth & O. Patashnik.– *Concrete Mathematics*, Addison-Wesley, 1994.

[92] D. Krob & J-Y. Thibon.– *Noncommutative symmetric functions IV : Quantum linear groups and Hecke algebras at q=0*, J. Alg. Comb., **6**, (4), 1997, p. 339–376.

[93] G. Labelle.– *Some Combinatorial Results first Found Using Computer Algebra*, J. Symbolic Computation, 20, 1995, pp. 567-594.

[94] G. Labelle & L. Laforest.– *Etude de constantes universelles pour les arborescences hyperquaternaires de recherche*, FPSAC'93, Discrete Math., 153, 1996, pp. 199-211.

[95] G. Labelle & L. Laforest.– *Combinatorial variations on multidimensional quadtrees*,

[96] F. Lamnabhi-Lagarrigue.– *Séries de Volterra et Commande optimale singulière*, Thèse d'état, Université de Paris Sud, Centre d'Orsay, 1985.

[97] F. Lamnabhi-Lagarrigue, P. Leroux & G. Viennot.– *Combinatorial Approximations of Volterra Series by Bilinear Systems*, dans *New Trends in Systems Theory*, Progress in Systems and Control Theory, Birkhäuser, 1991, pp. 304-315.

[98] P. Leroux & G. Viennot.– *A Combinatorial Approach to Nonlinear Functional Expansions : an Introduction With Examples*, Theoret. Computer. Sciences, 79, 1991, pp. 179-194.

[99] M. Lamnabhi.– *Analyse des systèmes non linaires par les méthodes de développement fonctionnelles*, Thèse d'état, Université de Paris Sud, Centre d'Orsay, 1986.

[100] J.A. Lappo-Danilevsky.– *Théorie des systèmes des équations différentielles linéaires*, Chelsea, New York, 1953.

[101] T.Q.T. Lê & J. Murakami.– *Kontsevich's integral for Kauffman polynomial*, Nagoya Math., pp 39-65, 1996.

[102] L. Lewin.– *Dilogarithms and associated functions*, Macdonald, London, 1958.

[103] L. Lewin.– *Polylogarithms and associated functions*, North Holland, New York and Oxford, 1981.

[104] L. Lewin.– *Structural properties of polylogarithms*, Mathematical survey and monographs, Amer. Math. Soc., vol 37, 1992.

[105] M. Lothaire.– *Combinatorics on Words*, Encyclopedia of Mathematics and its Applications, Addison-Wesley, 1983.

[106] B. Malgrange.– *Equations différentielles à coefficients polynomiaux*, Birkhäuser, 1991.

[107] W. Magnus.– *On the Exponential Solution of Differential Equation for a Linear Operator*, Comm. Pure Appl. Math. 7, 1954, pp. 649-673.

[108] W. Miller.– *Lie theory and special functions*, Academc Press, New York and London, 1968.

[109] N. Nielsen.– *Recherches sur le carré de la dérivée logarithmique de la fonction gamma et sur quelques fonctions analogues*, Annali di Matematica, 9 :190–210, 1904.

[110] N. Nielsen.– *Note sur quelques séries de puissance trouvées dans la théorie de la fonction gamma*, Annali di Matematica, vol 9, 1904, pp. 211-218.

[111] N. Nielsen.– *Recherches sur des généralisations d'une fonction de Legendre et d'Abel*, Annali di Matematica, 9 :219–235, 1904.

[112] J. Osterle.– *Polylogarithmes*, Séminaire Bourbaki, 762, 1992.

[113] N.E. Oussous.– *Etude et traitement des séries formelles non commutatives, pour la représentation minimale des systèmes dynamiques non linéaires*, thèse, Université Lille 1, 1988.

[114] M. Petkovšek, H. Wilf & D. Zeilberger.– $A = B$, A.K. Petrs, Ltd, Wellesley, Massachussets, 1996.

[115] M. Petitot.– *ALGEBRE NON COMMUTATIVE EN SCRATCHPAD : Application au problème de la représentation minimale analytique*, thèse, Université Lille 1, 1992.

[116] J.P. Ramis & J. Martinet.– *Théorie de Galois différentiell et resommation*, dans "Computer algebra and differential equations", Academic Press, 1991.

[117] D.E. Radford.– *A natural ring basis for the shuffle algebra and an application to group schemes*, Journal of Algebra, 58 :432–454, 1979.

[118] R. Ree.– *Lie elements and an algebra associated with shuffles*, Ann. of Math, 68 (1958), 210–220.

[119] C. Reutenauer.– *Free Lie Algebras*, London Mathematical Society Mathematical Society Monographs, New Series-7, Oxford Science Publications, 1993.

[120] H. Samet.– *Deletion in two-dimentional quad trees*, Communications of ACM, vol. 23, pp. 703-710, 1980.

[121] H. Samet.– *The quadtree and related hierarchical data structures*, Computing Survey, vol. 16, pp. 187-260, 1984.

[122] B. Salvy & P. Zimmerman.– *Gfun : A Maple package for the manipulation of generating and holonomic functions in one variable*, ACM Transactions on Mathematical Software, 20 (2), pp. 163-177, 1994.

[123] M.P. Schützenberger.– *Sur une propriété combinatoire des algèbres de Lie libres pouvant être utilisée dans un problème de mathématiques appliquées*, Séminaire d'algèbre et de théorie des nombres [P. Dubreil, M.-L. Dubreil-Jacotin, C. Pisot], 1958-59.

[124] M.P. Schützenberger.– *On a factorization of free monoids*, In Proc. Amer. Math. Soc., vol 16, pp. 21-24, 1965.

[125] V. Schwartz.– *Théorie des distributions*, tomes I et II, Act. Sci. Ind, 649, Hermann, Paris.

[126] H.J. Susmann.– *Lie brackets and local controlability : A sufficient condition for scalar-input systems*, SIAM, J. Cont. and Opt., Vol. 21, N 5, pp. 686-713, Sept. 1983.

[127] G. Tenenbaum.– *Introduction à la théorie analytique et probabilistes des nombres* Soc. Math. France., Cours Spécialisés 1 et 2, 1995.

[128] B. Van der Pol.– *On the operational solution of linear differential equations and an invetigation of properties of these solutions*, Philosophical Magazine, Vol 8, pp. 861-897, 1929.

[129] B. Van der Pol.– *Symbolic Calculus*, Philosophical Magazine, Vol 13, pp. 538-577, 1932.

[130] B. Van der Pol.– *Symbolic Calculus of the Theory of Prime Numbers*, Philosophical Magazine, Vol 26, pp. 921-940, 1938.

[131] B. Van der Poorten.– *A proof that Euler missed ... Apéry's proof of the irrationallity of* $\zeta(3)$, Mathematical Intelligencer 1, pp. 195-203, 1979.

[132] B. Van der Poorten.– *Some wonderful formulas ... an introduction to polylogarithms*, Queen's papers in Pure and Applied Mathématics, 54, pp. 269-286, 1980.

[133] I. Vardi.– *Computatinal Recreations inMathematica.*, Addison-Wesley Publishing Company, 1991.

[134] G. Viennot.– *Algèbres de Lie libres et monoïdes libres*, Lecture Notes in Mathematics, Springer-Verlag, 691, 1978.

[135] X. Viennot.– *Une théorie combinatoire des polynômes orthogonaux généraux*, Notes de conférences à l'UQAM, Montréal, 1983.

[136] N.Y. Vilenkin.– *Special functions and the theory of group representations*, AMS Transl., Providence, Rhode Island, 1968.

[137] El Wardi.– mémoire DEA, Lille 1, Juillet 1999.

[138] G. Wechsung.– *Functional equations of hyperlogarithms*, dans [104].

[139] J. Wei & E. Norman.– *Lie algebraic solution of linear differentiel equations*, J. Math. Phys., 4, 1963, 575-581.

[140] J. Wei & E. Norman.– *On global representation of the solution of linear differentiel equations as product of exponentials*, Proc. A.M.S., 15, 1964, pp. 327-334.

[141] Z. Wojtkowiak.– *A note on functional equations of the P-adic polylogarithms*, Bull. Soc. Math. France, N°119, 1991, pp. 343-370.

[142] Z. Wojtkowiak.– *The basic structure of polylogarithmic functional equations*, dans [104].

[143] Z. Wojtkowiak.– *Non abelian unipotent periods. Monodromy of iterated integrals*, London Math. Soc. Lecture Notes serie, Vol.243, pp 219-289, 1997.

[144] K. Iwasaki, H. Kimura, S. hun Shimomura & M. Yoshida.– *From Gauss to Painlevé*, Aspects of Mathematics, 1991.

[145] D. Zagier.– *The remarkable dilogarithm*, J. Math. Phys. Sci. 22, 1988, pp. 131-145.

[146] D. Zagier.– *The Bloch - Wigner - Ramakrishnan polylogarithm function*, Math. Annalen 286, 1990, pp. 613-624.

[147] D. Zagier.– *Polylogarithms, Dedekind zeta functions, and the algebraic K-theory of fields*, in *Arithmetic, Algebraic Geometry*, (G. van der Geer, F. Oort, J. Stennbrink eds.), Birkhäuser, 1991, pp. 391-430.

[148] D. Zagier.– *Special Values and Functional Equations of Polylogarithms*, dans [104].

[149] D. Zagier.– *Values of zeta functions and their applications*, in "First European Congress of Mathematics", volume 2, pp. 179–512. Birkhäuser, 1994.

[150] D. Zeilberger.– *The method of creative telescoping*, J. of Symolic Computation, 11, pp 195-204, 1991.

[151] D. Zeilberger.– *An algorithmic proof theory for hypergeometric (ordinary and "q") multisum/integral identities*, Inven. Math., 108, pp 575-633, 1992.

[152] D. Zeilberger.– *Identities in search of identity*, J. Theoretical Computer Science, 117, pp. 23-38, 1993.)

[153] D. Zeilberger.– *An holonomic systems approach to special funtions identities*, Discrete Mathematics 80, pp 207-211, 1996.

www.ingramcontent.com/pod-product-compliance
Lightning Source LLC
Chambersburg PA
CBHW021104210326
41598CB00016B/1315